わたしたちは，毎日《まいにち》たくさんの情報《じょうほう》にふれながらくらしています。
それらを活用《かつよう》すると，どんなことができるのでしょう。

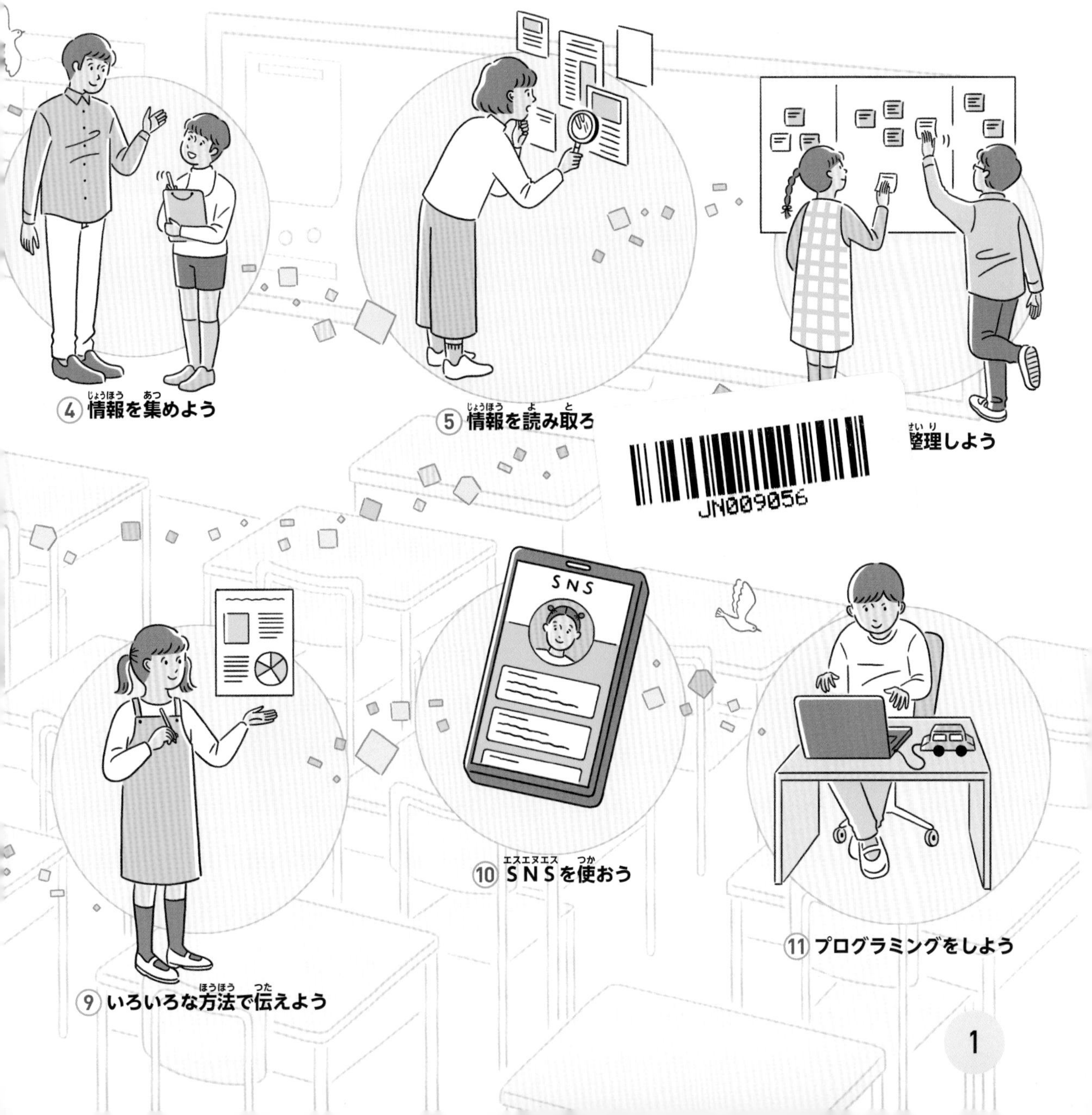

パソコンを使《つか》ってみよう

学校《がっこう》に自分専用《じぶんせんよう》のパソコンがやってくる

自分専用《じぶんせんよう》のパソコンだ。うれしいな！
パソコンって，コンピュータとはどうちがうんだろう。
あおい
はると
コンピュータのなかでも個人《こじん》で使《つか》うものをパーソナルコンピュータっていうんだって。
りゃくしてパソコンとかＰＣ《ピーシー》と言《い》うんだね。早《はや》く使《つか》ってみようよ！
そうた
かなで

ログインしてみよう

画面《がめん》に何《なに》か表示《ひょうじ》され
たよ。パスワードっ
て何《なん》だろう。
パソコンの中《なか》の
自分専用《じぶんせんよう》の場所《ばしょ》に入《はい》る
ためのカギみたいな
ものなんだって。
パスワードを入力《にゅうりょく》して
その場所《ばしょ》に入《はい》ることを
ログインっていうんだね。
家《いえ》のパソコンでログインし
たことがあるよ。指《し》もんや
顔《かお》をにんしきしてログイン
できるものもあるよね。

いろいろなことを試《ため》してみよう

アプリを起動《きどう》するときは，使《つか》いたいアプリのアイコンをタッチすればいいんだ。
キーボードの手前《てまえ》にあるタッチパッドを使《つか》ってもいいみたいだよ。
インターネットでけんさくもできるね。
キーボード入力《にゅうりょく》は苦手《にがて》だけど，文字《もじ》を速《はや》く打《う》てるようになりたいな。

ことば **スリープ**　パソコンを使《つか》わないときに，電力《でんりょく》を節約《せつやく》できる機能《きのう》です。また使《つか》いたいときは，キーボードやタッチパッドを操作《そうさ》するだけですぐに再開《さいかい》できます。

パソコンを使《つか》い終《お》わったら

使《つか》い終《お》わったらディスプレイをとじるとスリープになるんだって。
電源《でんげん》を切《き》るときはメニューの電源《でんげん》からシャットダウンをするみたい。
次《つぎ》に使《つか》うときのためにじゅう電《でん》しておかないとね。
おもしろかった！これから授業《じゅぎょう》でどんどんパソコンを使《つか》うようになるんだって。
楽《たの》しみだね。上手《じょうず》に使《つか》いこなせるようになりたいな。

このテキストでは，情報《じょうほう》を上手《じょうず》に活用《かつよう》していく力《ちから》をつけるために，さまざまな活動《かつどう》をしていきます。

パソコンもいろいろな場面《ばめん》で使《つか》います。あおいさんたちといっしょに，楽《たの》しく学《まな》びましょう。

ことば **シャットダウン**　機械《きかい》などの使用《しよう》を終了《しゅうりょう》するときに，電源《でんげん》を切《き》ること。

1 写《しゃ》真《しん》や動《どう》画《が》をさつえいしよう

ステップ1 写真《しゃしん》をさつえいしよう

かつどう

1. 写真《しゃしん》をさつえいする
2. さつえいの注意点《ちゅういてん》をかくにんする

写真《しゃしん》をさつえいしよう

　そうたさんたちは，学校《がっこう》の自《じ》まんやよいところを写真《しゃしん》で伝《つた》えることにしました。そのために，どのようにすれば写真《しゃしん》が上《じょう》手《ず》にさつえいできるかを考《かんが》えました。

「お父《とう》さんにデジタルカメラをかしてもらったよ。」

「学校《がっこう》に写真《しゃしん》がとれるパソコンもあるよね。」

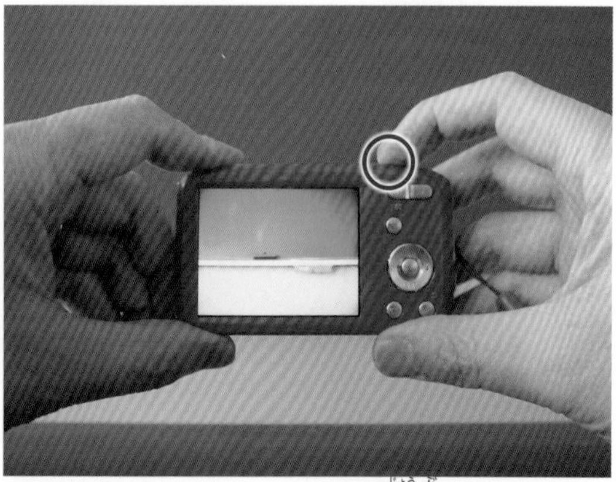

デジタルカメラは，カメラの上部《じょうぶ》にシャッターボタンがあります。タブレットＰＣ《ピーシー》のように，画《が》面《めん》をタッチしてさつえいできるものもあります。

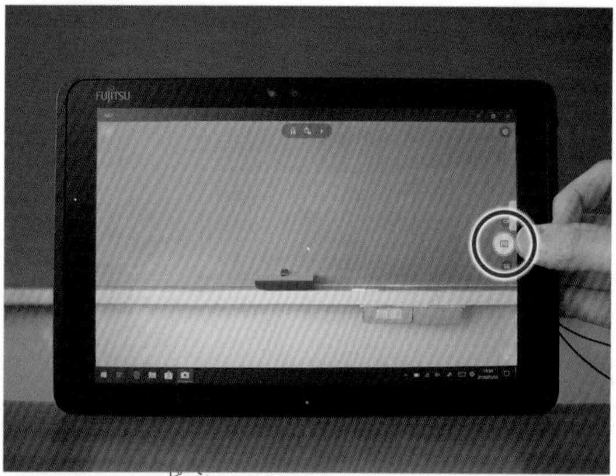

タブレットＰＣ《ピーシー》やスマートフォンは，カメラアプリを立《た》ち上《あ》げ，画面《がめん》にあるシャッターボタンをおすとさつえいできます。

さつえいの注意点《ちゅういてん》をかくにんしよう

「さつえいした写真《しゃしん》がぼやけていることがあるんだけど，どうしてかな。」

シャッターボタンをおすときは，きちんとピントが合《あ》っているかどうかたしかめましょう。また，シャッターボタンをおすときに動《うご》いてしまうことで，ぼやけた写真《しゃしん》になることもあります。さつえいするときは，両手《りょうて》で持《も》つなど動《うご》かないようにしてさつえいするようにしましょう。

きれいな写真《しゃしん》をとるポイント

↑きれいにとれた写真《しゃしん》

↑ピントが合《あ》っていない。

↑太陽《たいよう》の光《ひかり》で逆光《ぎゃっこう》になっている。

さつえいしたいものにピントが合《あ》っているか，たしかめましょう。ピントが合《あ》っていないと，真《ま》ん中《なか》の写真《しゃしん》のようにぼやけてしまいます。

さつえいするものの後《うし》ろに日光《にっこう》など強《つよ》い光《ひかり》がある場合《ばあい》を，「逆光《ぎゃっこう》」といいます。右《みぎ》の写真《しゃしん》のようにさつえいしたいものが暗《くら》く写《うつ》るので気《き》を付《つ》けましょう。

「学校《がっこう》にあるものをいろいろさつえいしてみようよ。」

ステップ２　工夫《くふう》してさつえいしよう

かつどう

1. さつえいするものをはっきり決《き》める
2. ズームやトリミングをする
3. 見《み》え方《かた》を考《かんが》えて工《く》夫《ふう》してさつえいする

さつえいするものをはっきり決《き》めよう

「何《なに》をさつえいしたのか分《わ》からないって言《い》われちゃった。」

「伝《つた》えたいことを決《き》めて，それを中心《ちゅうしん》にするといいよ。」

下《した》の２まいの写真《しゃしん》は，どちらも畑《はたけ》をさつえいしたものです。左《ひだり》の写真《しゃしん》ではいくつものなえを植《う》えていることが分《わ》かります。右《みぎ》の写真《しゃしん》では，ナスのなえの様子《ようす》がよく分《わ》かります。伝《つた》えたいことや，写《うつ》したいものを中心《ちゅうしん》にして，大《おお》きくさつえいしましょう。

また，右《みぎ》の写真《しゃしん》では名前《なまえ》の付《つ》いた立《たて》札《ふだ》もいっしょに写《うつ》しています。何《なに》を写《うつ》したかはっきりさせるために，このような工夫《くふう》をするのもよいですね。

ズーム（拡大《かくだい》・縮小《しゅくしょう》）をしてみよう

「大《おお》きく写《うつ》したいけど，近《ちか》くまで行《い》くことができないよ。」

タブレットＰＣ《ピーシー》やスマートフォンでは，画面《がめん》で2本《ほん》の指《ゆび》を広《ひろ》げるようにするとズームができます。大《おお》きくしすぎたら，2本《ほん》の指《ゆび》をすぼめるようにします。デジタルカメラには，ズームボタンやレバーが付《つ》いています。機器《きき》によってことなるので，分《わ》からないときは先生《せんせい》や大人《おとな》に聞《き》きましょう。

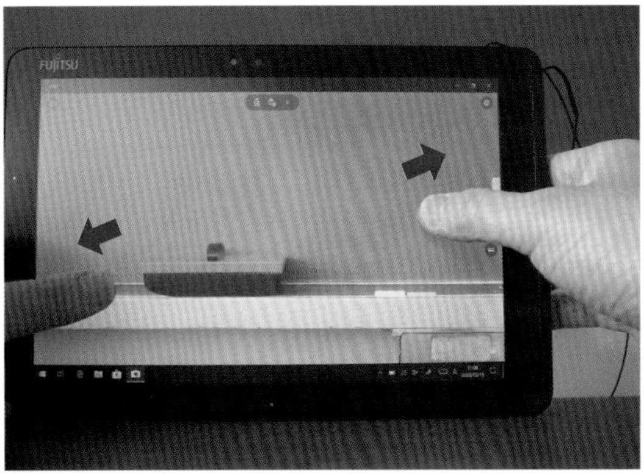

トリミング（切《き》りぬき）をしてみよう

「さつえいした写真《しゃしん》の一部分《いちぶぶん》だけを見《み》せたいときはどうしたらいいのかな。」

「トリミング（切《き》りぬき）という機能《きのう》があるよ。いらない部分《ぶぶん》を消《け》せるの。」

タブレットＰＣ《ピーシー》やスマートフォンでは，写真《しゃしん》を見《み》る画面《がめん》や別《べつ》のアプリで，図《ず》のようなアイコンがあればトリミングができます。デジタルカメラの場合《ばあい》は，パソコンに写真《しゃしん》のデータを入《い》れてからトリミングします。

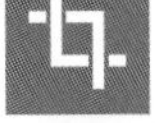
←トリミングのアイコン

見《み》え方《かた》を考《かんが》えて工夫《くふう》してさつえいしよう

学校《がっこう》のピアノをさつえいしました。①の写真《しゃしん》は横《よこ》から，②の写真《しゃしん》はななめからさつえいしました。

さつえいする向《む》きを変《か》えるだけで見《み》え方《かた》が変《か》わります。

③はしゃがんでさつえいしました。このように下《した》からさつえいすると，今《いま》まで見《み》えていなかった部分《ぶぶん》が写《うつ》ります。大《おお》きくはく力《りょく》があるようにも見《み》えます。④は上《うえ》からさつえいしました。上《うえ》から見《み》るとこのような形《かたち》なのですね。

一《ひと》つのものをさつえいするときでも，ズームでアップにする，ちがう角度《かくど》でとるなど，後《あと》で選《えら》べるように何《なん》まいもとっておくとよいでしょう。

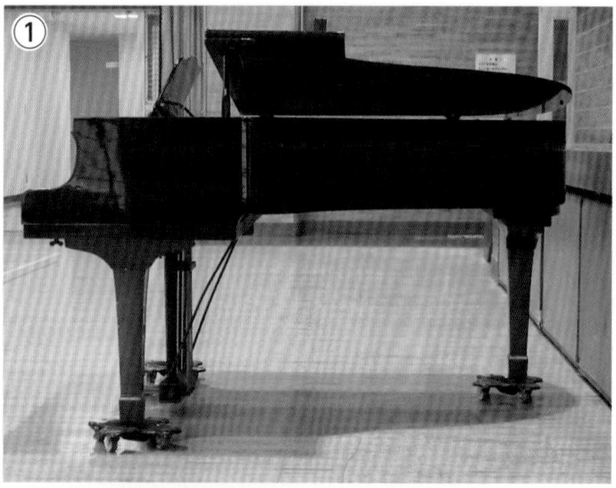

やってみよう 身《み》の回《まわ》りにあるものを，見《み》え方《かた》を工夫《くふう》してさつえいしてみましょう。

「給食《きゅうしょく》のおいしさが伝《つた》わるようにさつえいするには，どうすればいいかな。」

コラム 知っていると便利《べんり》！

トリック写真《しゃしん》をとってみよう！

とる場所《ばしょ》やタイミングを工夫《くふう》することで，おもしろい写真《しゃしん》をとることができます。

↑写真《しゃしん》の向《む》きを変《か》えただけですが，いっしゅんおどろいてしまいますね。

↑近《ちか》くのものは大《おお》きく，遠《とお》くのものは小《ちい》さく見《み》える「遠近法《えんきんほう》」を利用《りよう》した写真《しゃしん》です。

→ほうきにまたがってジャンプしたしゅん間《かん》にシャッターをおすと，まるで空《そら》を飛《と》んでいるような写真《しゃしん》をとることができます。

ステップ3　動画《どうが》をさつえいしよう

かつどう

① 動画《どうが》モードに切《き》りかえる

② 動画《どうが》をさつえいするときの注意点《ちゅういてん》をかくにんする

「学校《がっこう》の自《じ》まんやよいところを動《どう》画《が》で伝《つた》えたいな。」

「ビデオカメラやカメラアプリで動画《どうが》もさつえいできるよ。」

動画《どうが》モードに切《き》りかえよう

カメラアプリは，「ビデオ」「動画《どうが》」や右《みぎ》のようなアイコンで動画《どうが》モードに切《き》りかえができます。動画《どうが》には，はじめと終《お》わりがあります。さつえいをはじめるときに録画《ろくが》ボタンをおして，止《と》めるときにもう一度《いちど》おします。

動画《どうが》をさつえいするときの注意点《ちゅういてん》をかくにんしよう

動画《どうが》をとるときは，台《だい》の上《うえ》に置《お》いたり，三《さん》きゃくを使《つか》ったりしてカメラが動《うご》かないようにしましょう。みなさんが見《み》たことのあるほとんどの動画《どうが》では，カメラが動《うご》かない工夫《くふう》をしています。台《だい》も三《さん》きゃくもないときは，かべによりかかって体《からだ》をささえたり，うでを体《からだ》につけたりしてカメラが動《うご》かないようにしましょう。

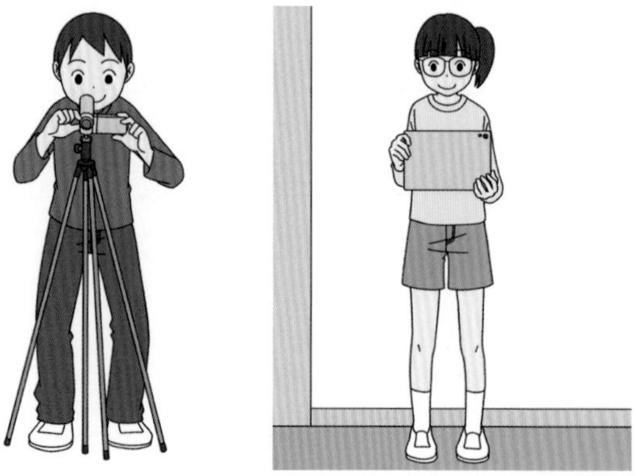

動画《どうが》は声《こえ》も録音《ろくおん》できます。さつえいしているときにおしゃべりをしていたり，周《まわ》りがうるさかったりすると，伝《つた》えたいことがよく分《わ》からなくなってしまいます。話《はな》す人《ひと》を決《き》めて，静《しず》かなところでさつえいしましょう。

気《き》をつけよう！ さつえいするときのマナー

写真《しゃしん》や動画《どうが》にうつりたくない人《ひと》がいたり，さつえいしてはいけないものがあったりします。人《ひと》やものをさつえいしたいときには「さつえいしてもいいですか？」と聞《き》くのがマナーです。どんなときに使《つか》うのか，だれに見《み》せるのかなどを説明《せつめい》するとよいでしょう。

話《はな》し合《あ》おう どんな写真《しゃしん》や動画《どうが》をさつえいしたいか話《はな》し合《あ》いましょう。

「学校《がっこう》の自《じ》まんの広《ひろ》い校庭《こうてい》を，校舎《こうしゃ》の４階《かい》からとってみようかな。」

「学校《がっこう》をたんけんする様子《ようす》を動画《どうが》にとって，１年生《ねんせい》にしょうかいするのはどうかな。」

「いいね。先生《せんせい》やクラスの友達《ともだち》にも登場《とうじょう》してもらおうよ。」

2 キーボードで入力《にゅうりょく》しよう

ステップ1 コンピュータについて調《しら》べてみよう

かつどう

① コンピュータにつないで使《つか》うものについて調《しら》べる

はるとさんたちは，先生《せんせい》がコンピュータを使《つか》って作《つく》ったしょうじょうを見《み》てコンピュータに興味《きょうみ》をもち，コンピュータについて調《しら》べてみることにしました。

「キーボードを打《う》って文字《もじ》を入《い》れて，プリンタで印刷《いんさつ》できるのね。」

「タッチパッドは，２本《ほん》の指《ゆび》を使《つか》うと，いろいろできるんだね。」

「タブレットＰＣ《ピーシー》には，キーボードもマウスもないね。」

ノートＰＣ《ピーシー》

ディスプレイ・画面《がめん》

キーボード
文字《もじ》を入力《にゅうりょく》することができます。

タッチパッド
パッドの上《うえ》で指《ゆび》を動《うご》かしたり，ボタンをおしたりすることで，いろいろな操作《そうさ》をすることができます。

タブレットＰＣ《ピーシー》

タッチパネル（ディスプレイ・画面《がめん》）
画面《がめん》にタッチすることでいろいろな操作《そうさ》をすることができます。

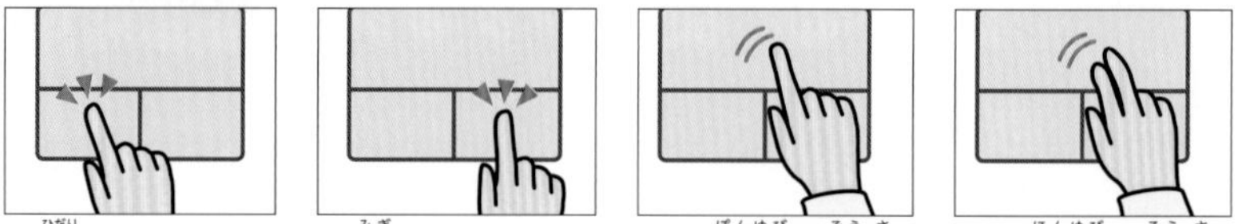

↑左《ひだり》クリック　↑右《みぎ》クリック　↑１本指《ぽんゆび》で操作《そうさ》　↑２本指《ほんゆび》で操作《そうさ》

ことば　**コンピュータ**　みなさんの身近《みぢか》にあるコンピュータは「パーソナルコンピュータ」で，「パソコン」や「ＰＣ《ピーシー》」などとよばれます。

コンピュータにつないで使《つか》うものについて調《しら》べよう

コンピュータにつないで使《つか》うプリンタなどの機器《きき》を周辺機器《しゅうへんきき》と言《い》います。目的《もくてき》に合《あ》わせていろいろなものがあります。

電子黒板《でんしこくばん》

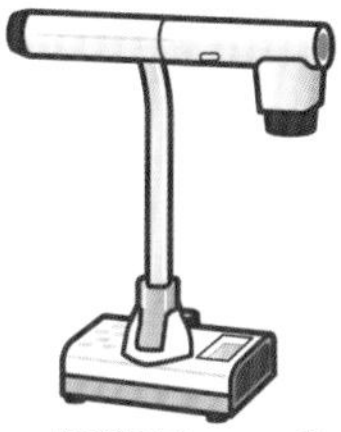

実物投《じつぶつとう》えい機《き》

プロジェクタ

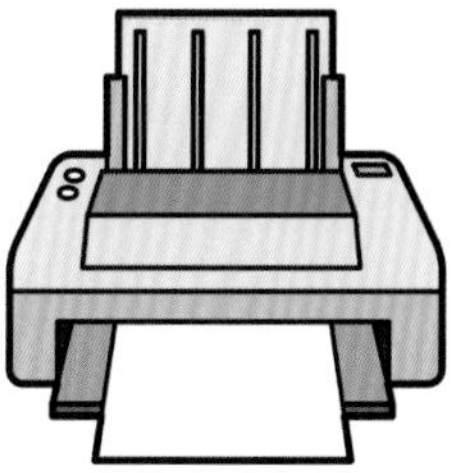

プリンタ（印刷機《いんさつき》）

スピーカーマイク

コンピュータに周《しゅう》辺機器《へんきき》をつなぐと，何《なに》ができるようになるのかな

気《き》をつけよう！ コンピュータを使《つか》うときの注意点《ちゅういてん》

「コンピュータは便《べん》利《り》な道具《どうぐ》です。次《つぎ》のことに気《き》を付《つ》けながら使《つか》いましょう。」

- 時間《じかん》を決《き》めて使《つか》いすぎないようにしましょう。（30分《ぷん》に1回《かい》，20秒《びょう》くらい画面《がめん》から目《め》をはなして目《め》を休《やす》める。）
- 正《ただ》しいすわり方《かた》をしましょう。
- 画面《がめん》はちょうどいい明《あか》るさにしましょう。
- こまったことや分《わ》からないことがあったら，先生《せんせい》や家《いえ》の人《ひと》など大人《おとな》に相談《そうだん》しましょう。

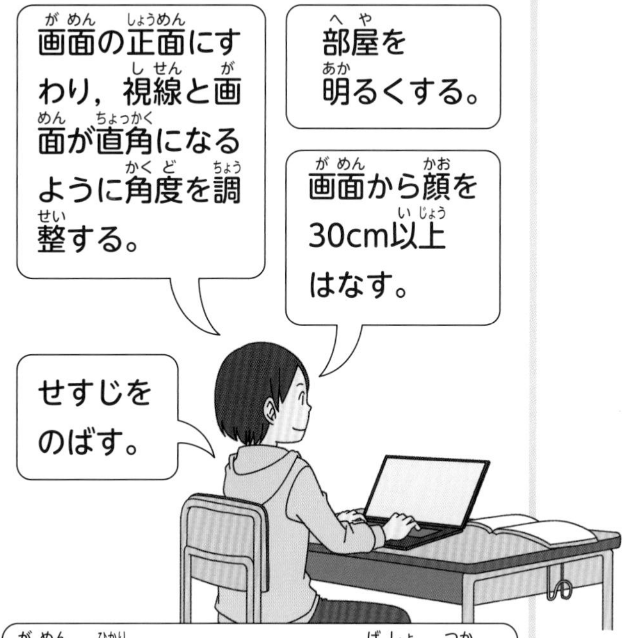
画面《がめん》の正面《しょうめん》にすわり，視線《しせん》と画《が》面《めん》が直角《ちょっかく》になるように角度《かくど》を調《ちょう》整《せい》する。
部屋《へや》を明《あか》るくする。
画面《がめん》から顔《かお》を30cm以上《いじょう》はなす。
せすじをのばす。

画面《がめん》に光《ひかり》がうつりこまない場所《ばしょ》で使《つか》う。

ステップ2 キーボードで文字《もじ》を入力《にゅうりょく》しよう

かつどう

1. 名《めい》しに何《なに》を書《か》くかを決《き》める
2. 名《めい》しに文字《もじ》を入力《にゅうりょく》する

地域《ちいき》めぐりで使《つか》う「名《めい》し」を，コンピュータで作《つく》ることにしました。

「まさおさんみたいに，イラストを入《い》れた名《めい》しを作《つく》ってみたいな。」

「名《めい》しには，何《なに》を書《か》くのかを決《き》める必要《ひつよう》があるね。」

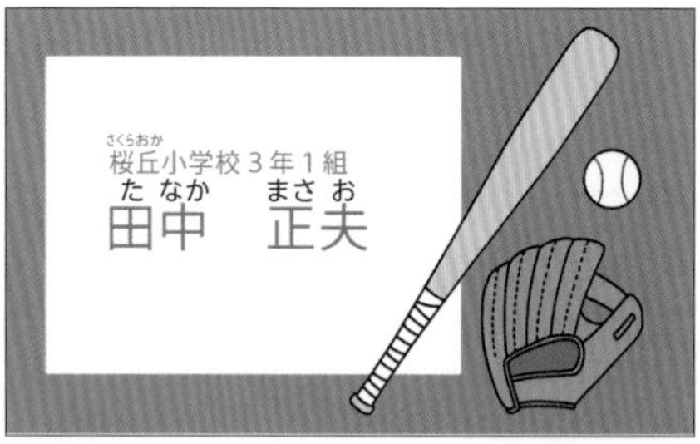

←まさおさんが作《つく》った名《めい》し

「自分《じぶん》の名前《なまえ》や学校《がっこう》の名前《なまえ》の入力《にゅうりょく》の仕方《しかた》を知《し》りたいな。」

名《めい》しに何《なに》を書《か》くかを決《き》めよう

自分《じぶん》の名前《なまえ》を，ローマ字入力表《じにゅうりょくひょう》を見《み》ながら入力《にゅうりょく》します。

「ローマ字入力表《じにゅうりょくひょう》から自分《じぶん》の名前《なまえ》に入《はい》っている文字《もじ》をさがし，○印《じるし》をつけました。ぼくの名前《なまえ》は『石井《いしい》はると』なので，

い　し　い　は　る　と
I　SI　I　HA　RU　TO　だよ。」

次《つぎ》に，キーボードで順《じゅん》にアルファベットを入力《にゅうりょく》します。

名《めい》しに文字《もじ》を入力《にゅうりょく》しよう

つまる音《おと》（小《ちい》さい「っ」）…次《つぎ》の文字《もじ》のはじめの字《じ》を重《かさ》ねる。

せ　けん　SE KEN

せっけん　SEKKEN

のばす音《おと》（ー）… [= ー ほ] のキーを打《う》つ。

ローマ字《じ》入力表《にゅうりょくひょう》

行	段	あ	い	う	え	お				
あ		あ A	い I	う U	え E	お O				
か	K	か KA	き KI	く KU	け KE	こ KO	きゃ KYA	きゅ KYU		きょ KYO
さ	S	さ SA	し SI	す SU	せ SE	そ SO	しゃ SYA(SHA)	しゅ SYU(SHU)	しぇ SYE(SHE)	しょ SYO(SHO)
た	T	た TA	ち TI(CHI)	つ TU(TSU)	て TE	と TO	ちゃ TYA(CHA)	ちゅ TYU(CHU)	ちぇ TYE(CHE)	ちょ TYO(CHO)
な	N	な NA	に NI	ぬ NU	ね NE	の NO	にゃ NYA	にゅ NYU		にょ NYO
は	H	は HA	ひ HI	ふ HU(FU)	へ HE	ほ HO	ひゃ HYA	ひゅ HYU		ひょ HYO
ま	M	ま MA	み MI	む MU	め ME	も MO	みゃ MYA	みゅ MYU		みょ MYO
や	Y	や YA		ゆ YU		よ YO				
ら	R	ら RA	り RI	る RU	れ RE	ろ RO	りゃ RYA	りゅ RYU		りょ RYO
わ	W	わ WA				を WO				
ん	NN									
が	G	が GA	ぎ GI	ぐ GU	げ GE	ご GO	ぎゃ GYA	ぎゅ GYU		ぎょ GYO
ざ	Z	ざ ZA	じ ZI(JI)	ず ZU	ぜ ZE	ぞ ZO	じゃ ZYA(JA)	じゅ ZYU(JU)	じぇ ZYE(JE)	じょ ZYO(JO)
だ	D	だ DA	ぢ DI	づ DU	で DE	ど Do	ぢゃ DYA	ぢゅ DYU		ぢょ DYO
ば	B	ば BA	び BI	ぶ BU	べ BE	ぼ BO	びゃ BYA	びゅ BYU		びょ BYO
ぱ	P	ぱ PA	ぴ PI	ぷ PU	ぺ PE	ぽ PO	ぴゃ PYA	ぴゅ PYU		ぴょ PYO

↑ローマ字入力表《じにゅうりょくひょう》の一部《いちぶ》

ここがPOINT!

変換《へんかん》するときは意味《いみ》を考《かんが》えよう

「きゅうしょく」と入力《にゅうりょく》し，スペースキーをおすと，あてはまる漢字《かんじ》の候補《こうほ》が表示《ひょうじ》されます。

どの漢字《かんじ》が正《ただ》しいのか，意味《いみ》をしっかり考《かんが》えて漢字《かんじ》を選《えら》びましょう。

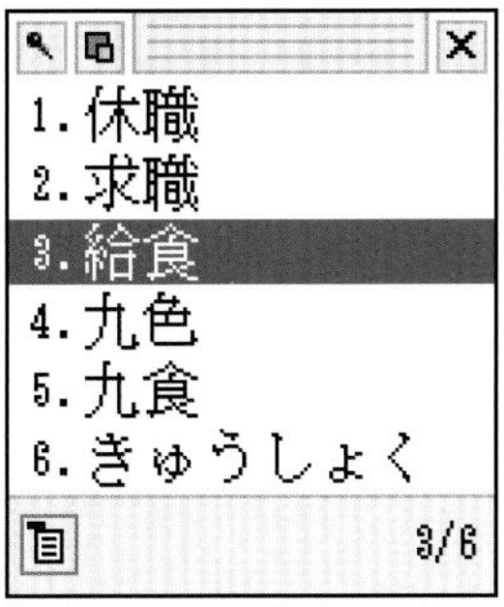

→あてはまる漢字《かんじ》の候補《こうほ》を表示《ひょうじ》

ことば　**ローマ字《じ》**　ローマ字《じ》はアルファベットで日本語《にほんご》の音《おと》を表現《ひょうげん》します。はじめはローマ字入力表《じにゅうりょくひょう》を見《み》ながら入力《にゅうりょく》するとよいでしょう。覚《おぼ》えると入力《にゅうりょく》が速《はや》くなります。

ステップ3 キーボー島《とう》にちょう戦《せん》しよう

かつどう

1. キーボー島《とう》でローマ字《じ》を入力《にゅうりょく》する
2. キーボード入力《にゅうりょく》がどんなときに役《やく》に立《た》つか，話《はな》し合《あ》う

学校《がっこう》にある練習《れんしゅう》ソフトやインターネット上《じょう》の練習《れんしゅう》サイトを使《つか》って，ローマ字《じ》入《にゅう》力《りょく》の練習《れんしゅう》をしてみましょう。

キーボー島《とう》でローマ字《じ》を入力《にゅうりょく》しよう

小学校《しょうがっこう》向《む》けのキーボード入力練習《にゅうりょくれんしゅう》サイト「キーボー島《とう》アドベンチャー」では，30級《きゅう》から1級《きゅう》までの級《きゅう》があります。

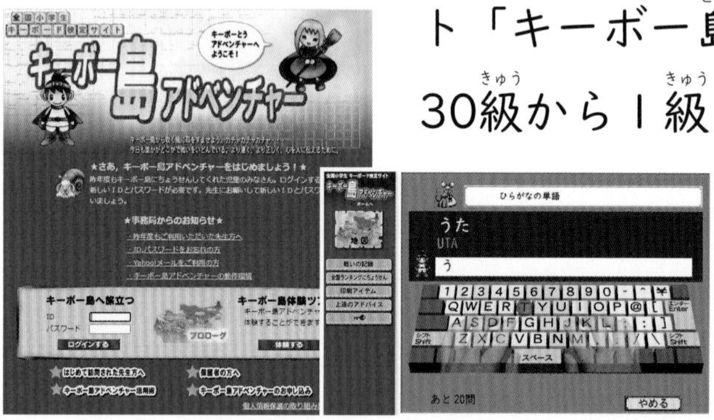

キーボー島《とう》アドベンチャー
http://kb-kentei.net/

※入力《にゅうりょく》の速《はや》さの目安《めやす》

30級《きゅう》…… 1分間《ぷんかん》に10文字《もじ》
13級《きゅう》…… 1分間《ぷんかん》に25文字《もじ》
1級《きゅう》 …… 1分間《ぷんかん》に50文字《もじ》

速《はや》く正《ただ》しく入力《にゅうりょく》するために

正《ただ》しいしせいだと，つかれにくく，入力《にゅうりょく》が速《はや》くできます。

また，正《ただ》しい指《ゆび》づかいを覚《おぼ》えると，キーボードを見《み》ずに，速《はや》く正確《せいかく》に入力《にゅうりょく》できるようになります。

そこでいつも右《みぎ》の図《ず》のような場所《ばしょ》に指《ゆび》を置《お》きます（ホームポジション）。F《エフ》とJ《ジェー》のキーには，くぼみやでっぱりがついているので，目印《めじるし》にします。

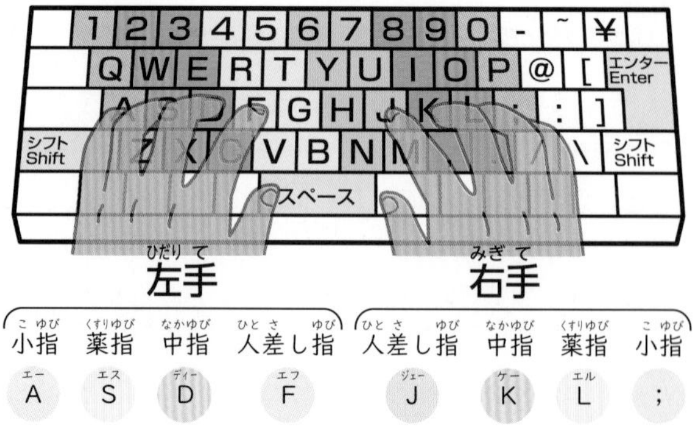

キーボード入力《にゅうりょく》はどんなときに役《やく》に立《た》つのだろう

みんなで，キーボードの入力《にゅうりょく》が上《じょう》手《ず》になると，どんな良《よ》いことがあるのか話《はな》し合《あ》いました。

4年《ねん》2組《くみ》の給食人気《きゅうしょくにんき》メニュー

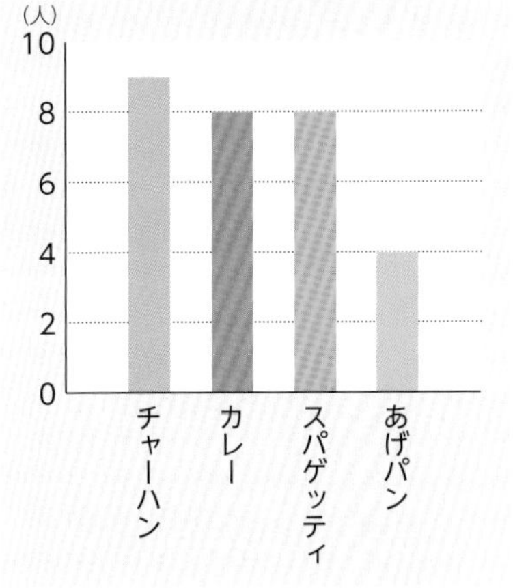

人気《にんき》メニューの表《ひょう》やグラフを作《つく》るときに役《やく》に立《た》ちました。

分《わ》からないことをインターネットで調《しら》べるのが早《はや》くなりました。

キーボード入《にゅう》力《りょく》がうまくなると，文章《ぶんしょう》の書《か》き直《なお》しが楽《らく》になります。

話《はな》し合《あ》おう キーボード入力《にゅうりょく》を始《はじ》めたばかりのころ，こまったことは何《なん》ですか。

「あのころはどのキーがどこにあるのか分《わ》からなくて，文字《もじ》を打《う》つのにとても時間《じかん》がかかったけど，今《いま》ではすっかりなれたよ。」

「どの文字《もじ》に変換《へんかん》したらいいのか考《かんが》えていたら，その後《あと》に何《なん》て書《か》こうとしていたのかわすれちゃった。」

3 クラウドを使《つか》おう

ステップ1 クラウドについて知《し》ろう

かつどう

1. クラウドとは何《なに》かを知《し》る
2. クラウドでできることを知《し》る

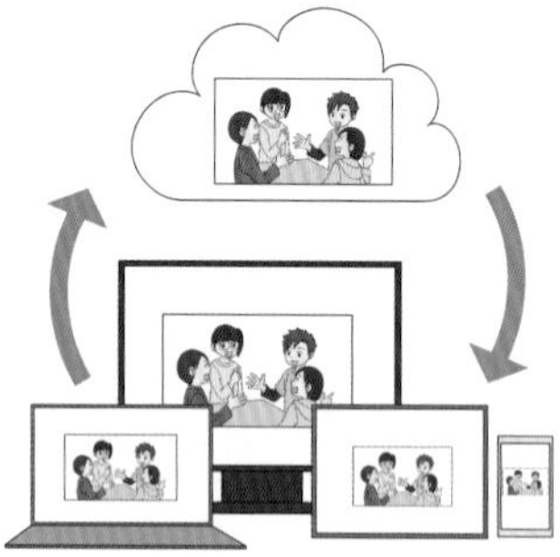

「みんなでまとめようとしている町《まち》のしょうかいに，家《いえ》のタブレットＰＣ《ピーシー》でとった写真《しゃしん》を使《つか》いたいけど，どうやってデータを持《も》ってくればいいのかな。」

「クラウドを使《つか》えばいいんじゃない。」

「クラウドって何《なん》のこと。」

クラウドとは何《なに》かを知《し》ろう

インターネット上《じょう》の写真《しゃしん》などをほぞんしておくことができる場所《ばしょ》を「クラウド」と言《い》います。

では，クラウドでどんなことができるのでしょうか。

クラウドでできることを知《し》ろう

◉いつでもどこからでもほぞんしたファイルを利用《りよう》できる

クラウドにほぞんしたファイルは，インターネットにつながっていれば，どこからでも取《と》り出《だ》すことができます。はるとさんが自宅《じたく》でとった写真《しゃしん》をクラウドにほぞんしておけば，学校《がっこう》でそのクラウドから取《と》り出《だ》して使《つか》うことができます。

◉ほぞんしたファイルを共有《きょうゆう》できる

また，クラウドにほぞんした写真《しゃしん》をグループのみんなが使《つか》えるように共《きょう》有《ゆう》することもできます。

◉文書《ぶんしょ》やプレゼンのスライドを作《つく》るアプリが使《つか》える

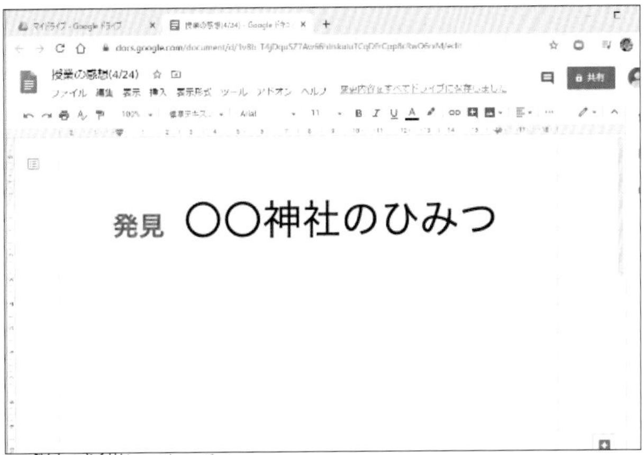

⬆文書作成《ぶんしょさくせい》（Google《グーグル》 ドキュメント）

クラウド上《じょう》にあるアプリを使《つか》えば，自分《じぶん》のパソコンにアプリが入《はい》っていなくても，文書《ぶんしょ》を作《つく》ったり，プレゼンのスライドを作《つく》ったりすることができます。

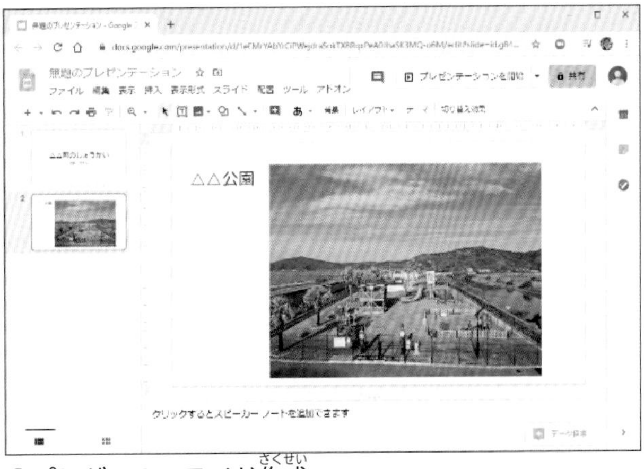

⬆プレゼンのスライド作成《さくせい》（Google《グーグル》 スライド）

コラム　知っていると便利《べんり》！　クラウドとデータ量《りょう》

パソコンであつかうデータの大《おお》きさを表《あらわ》す単位《たんい》をB（バイト）と言《い》います。そして，１Bのおよそ1000倍《ばい》が１KB（キロバイト），１KBのおよそ1000倍《ばい》が１MB（メガバイト），そして，１MBのおよそ1000倍《ばい》が，ふだんよく目《め》にする１GB（ギガバイト）です。クラウドを使《つか》う場合《ばあい》には，インターネットを使《つか》ってファイルを送受信《そうじゅしん》します。そのときに，ファイルのサイズが大《おお》きくなると，送受信《そうじゅしん》に時間《じかん》がかかります。

ほとんどの場合《ばあい》，文書《ぶんしょ》のファイルよりも写真《しゃしん》のファイルの方《ほう》がデータのサイズが大《おお》きく，動画《どうが》のファイルはさらにデータが大《おお》きくなります。

ステップ2 クラウドを使《つか》ってみよう

かつどう

1. 自分《じぶん》でクラウドを使《つか》ってみる
2. グループのみんなでいっしょに使《つか》ってみる

Google
ログイン
お客様の Google アカウントを使用
メールアドレスまたは電話番号
メールアドレスを忘れた場合

自分《じぶん》でクラウドを使《つか》ってみよう

クラウドを使《つか》ってみましょう。

「どうすればいいの？」

「ブラウザでページを開《ひら》いて，メールアドレスなどの自分《じぶん》のＩＤ《アイディー》とパスワードでログインするだけよ。」

※自分《じぶん》のID《アイディー》でパソコンやタブレットＰＣ《ピーシー》にログインすればすぐに使《つか》える場合《ばあい》もあります。

文書作成《ぶんしょさくせい》アプリを使《つか》って文書《ぶんしょ》を作《つく》ってみましょう。

「ファイルのほぞんのアイコンがないけど。」

「書《か》いたら自動的《じどうてき》にほぞんしてくれるんだって。」

「ファイルに名前《なまえ》を付《つ》けることや，ダウンロードすることもできるんだね 。」

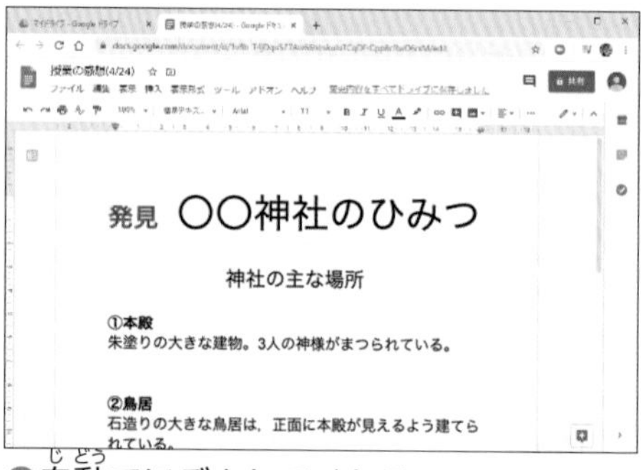
発見 〇〇神社のひみつ
神社の主な場所
①本殿
朱塗りの大きな建物。3人の神様がまつられている。
②鳥居
石造りの大きな鳥居は，正面に本殿が見えるよう建てられている。

↑自動《じどう》でほぞんしてくれる（Google《グーグル》ドキュメント）

Google フォト
写真を追加してください
写真や動画をドラッグするとアップロードできます

↑写真《しゃしん》のページ（Google《グーグル》フォト）

コラム　知っていると便利《べんり》！

先《さき》に写真《しゃしん》をアップロードしておく

　さつえいした写真《しゃしん》を事前《じぜん》にクラウド上《じょう》にアップロードしておけば，ドラッグ＆ドロップなどの簡《かん》単《たん》な操作《そうさ》で写真《しゃしん》を文書《ぶんしょ》に入《い》れることができます。

同時《どうじ》に編集《へんしゅう》してみよう

一《ひと》つのファイルをメンバーが同時《どうじ》に編集《へんしゅう》することができます。

「同時《どうじ》に編集《へんしゅう》できれば，それぞれが作《つく》ったスライドを，後《あと》で一《ひと》つにする手《て》間《ま》がかからないね。」

「まちがって友達《ともだち》が書《か》いたところを消《け》さないようにしないといけないね。」

「だれがどんな操作《そうさ》をしたか全部記録《ぜんぶきろく》されていて，元《もと》にもどすこともできるそうだよ。」

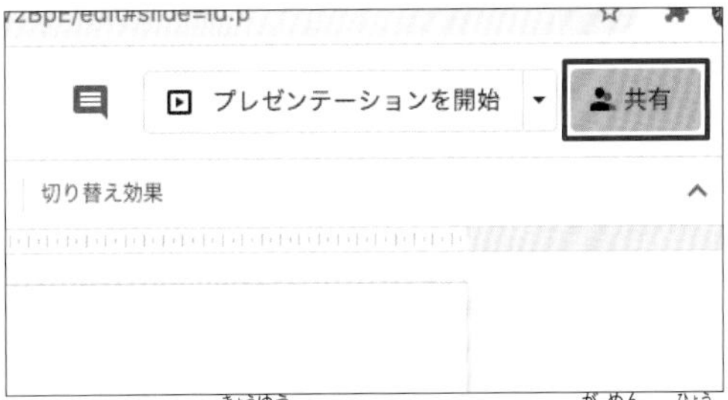

ファイルが共有《きょうゆう》されていることが画面《がめん》に表《ひょう》示《じ》されている

3人《にん》同時《どうじ》に編集《へんしゅう》をしているところ

気《き》をつけよう! クラウドを使《つか》うときには

- **パスワードはしっかり管理《かんり》しよう**

パスワードは，簡単《かんたん》には分《わ》からないようなものを設定《せってい》し，絶対《ぜったい》に人《ひと》に知《し》られないように気《き》をつけましょう。

- **個人情報《こじんじょうほう》の入《はい》ったファイルは，クラウドには置《お》かないようにしよう**

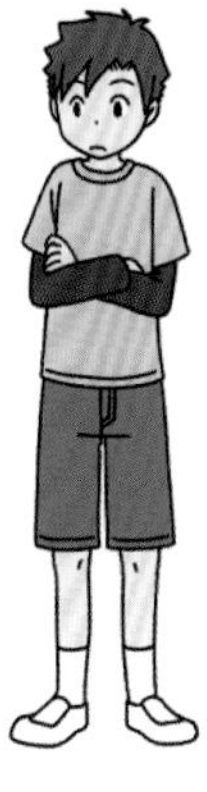

やってみよう クラウドの同時編集機能《どうじへんしゅうきのう》を使《つか》って，グループ全員《ぜんいん》で協力《きょうりょく》して学級新聞《がっきゅうしんぶん》を作《つく》ってみましょう。

「この前《まえ》の球技大会《きゅうぎたいかい》のことを学級新聞《がっきゅうしんぶん》にしたいな。みんなで作《つく》ろうよ。」

4 情報《じょうほう》を集《あつ》めよう

ステップ1 世《よ》の中《なか》のことを知《し》ろう① 「けんさく」

かつどう

① けんさくする言葉《ことば》を考《かんが》える
② 信用《しんよう》できるページを見《み》る

　情報《じょうほう》を集《あつ》めるには，いろいろな方法《ほうほう》があります。
　あおいさんは，自主学習《じしゅがくしゅう》でバナナについて，インターネットを使《つか》って調《しら》べることにしました。

けんさくの言葉《ことば》を考《かんが》えよう

　「バナナ」と入力《にゅうりょく》してけんさくすると，バナナの栄養《えいよう》についてのWeb《ウェブ》ページの候補《こうほ》が表示《ひょうじ》されました。一《ひと》つの言葉《ことば》だけでけんさくすると，目的《もくてき》のWeb《ウェブ》ページを見《み》つけられない場合《ばあい》もあります。そこで，次《つぎ》のように言葉《ことば》をふやしてけんさくしてみます。

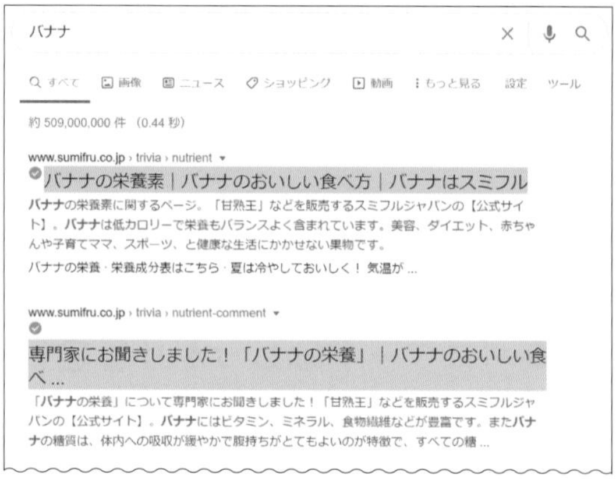

バナナ
すべて
画像
ニュース
ショッピング
動画
もっと見る
設定
ツール
約 509,000,000 件 (0.44 秒)
www.sumifru.co.jp › trivia › nutrient
バナナの栄養素｜バナナのおいしい食べ方｜バナナはスミフル
バナナの栄養素に関するページ。「甘熟王」などを販売するスミフルジャパンの【公式サイト】。バナナは低カロリーで栄養もバランスよく含まれています。美容、ダイエット、赤ちゃんや子育てママ、スポーツ、と健康な生活にかかせない果物です。
バナナの栄養 · 栄養成分表はこちら · 夏は冷やしておいしく！ 気温が ...
www.sumifru.co.jp › trivia › nutrient-comment
専門家にお聞きしました！「バナナの栄養」｜バナナのおいしい食べ ...
「バナナの栄養」について専門家にお聞きしました！「甘熟王」などを販売するスミフルジャパンの【公式サイト】。バナナにはビタミン、ミネラル、食物繊維などが豊富です。またバナナの糖質は、体内への吸収が緩やかで腹持ちがとてもよいのが特徴で、すべての糖 ...

「**バナナ**は**どこの国《くに》**でとれるのかな？」
↓　↓
バナナ□産地《さんち》　検索《けんさく》
└ひとマス空《あ》ける

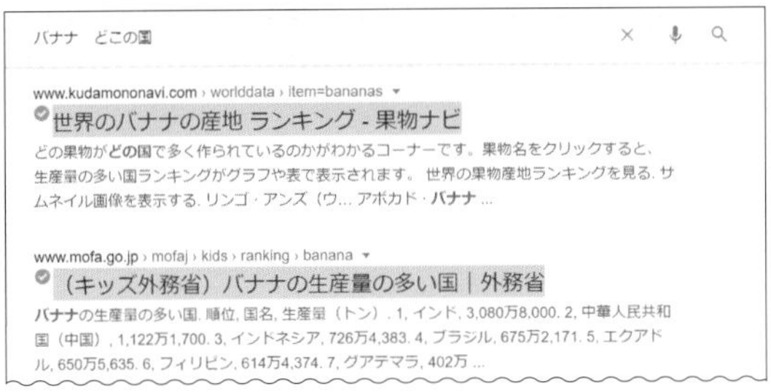

今度《こんど》はバナナの産地《さんち》や生産《せいさん》量《りょう》の多《おお》い国《くに》についてのホームページが表示《ひょうじ》されました。

信用《しんよう》できるページを見《み》よう

インターネットにあるたくさんの情報《じょうほう》の中《なか》には，事実《じじつ》とはことなるものもあります。そこで，けんさくした結果《けっか》から，信用《しんよう》できるページを複数選《ふくすうえら》んで見《み》る必要《ひつよう》があります。

見分《みわ》け方《かた》の一《ひと》つに国《くに》や都道府県《とどうふけん》，市町村《しちょうそん》が作《つく》っているページを選《えら》ぶという方法《ほうほう》があります。これらのWeb《ウェブ》ページには，信用《しんよう》できる情報《じょうほう》が出《で》ています。あおいさんは「外務省《がいむしょう》」のページを見《み》ることにしました。

↑キッズ外務省《がいむしょう》より

コラム　フェイクニュースに注意《ちゅうい》

インターネットは最新《さいしん》の情報《じょうほう》を手《て》に入《い》れることができて便利《べんり》ですが，まちがった情報《じょうほう》やわざとうその情報《じょうほう》（フェイクニュース）が発信《はっしん》されていることもあります。

正確《せいかく》でない情報《じょうほう》にふり回《まわ》されないようにするためにも，複数《ふくすう》の情報源《じょうほうげん》でたしかめることが，とても大事《だいじ》です。

↑災害時《さいがいじ》に流《なが》れた「動物園《どうぶつえん》からライオンがにげた」というフェイクニュースの画像《がぞう》

しらべよう　インターネットで自分《じぶん》が住《す》む都道府県《とどうふけん》の伝統《でんとう》工芸品《こうげいひん》をけんさくしてみましょう。

ステップ2 世《よ》の中《なか》のことを知《し》ろう②「本《ほん》」

かつどう

1. 事典《じてん》や図《ず》かんで調《しら》べる
2. 目次《もくじ》やさく引《いん》で調《しら》べる

はるとさんとかなでさんは，動物《どうぶつ》の進《しん》化《か》について調《しら》べるために図書館《としょかん》にやってきました。

「本《ほん》がたくさんあるね。どの本《ほん》を見《み》たらいいのかな。」

「図書館《としょかん》の受付《うけつけ》の人《ひと》に聞《き》いてみようよ。」

事典《じてん》や図《ず》かんで調《しら》べよう

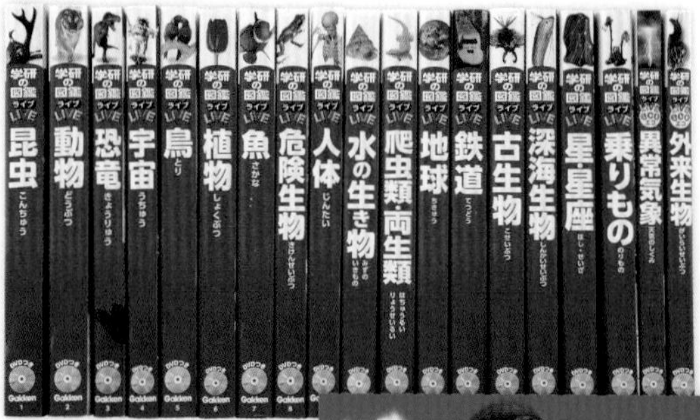

調《しら》べる方法《ほうほう》の一《ひと》つに，事典《じてん》や図《ず》かんがあります。

事典《じてん》には，あいうえお順《じゅん》で意味《いみ》や説明《せつめい》が書《か》かれています。中《なか》には，1さつではおさまりきらずに10さつ以《い》上《じょう》になっている事典《じてん》もあります。

図《ず》かんは，テーマごとにまとめられています。写真《しゃしん》やイラストなどがほうふで，目《め》で見《み》て分《わ》かるように工夫《くふう》されています。

目次《もくじ》やさく引《いん》で調《しら》べよう

本《ほん》を全部《ぜんぶ》読《よ》まなくても本《ほん》の中身《なかみ》が分《わ》かるものとして，目次《もくじ》やさく引《いん》があります。

本《ほん》に書《か》いてある内容《ないよう》が，目次《もくじ》にはページ順《じゅん》に，さく引《いん》にはあいうえお順《じゅん》にならべてあります。どちらも知《し》りたい内容《ないよう》を早《はや》くさがすことができます。

学研の図鑑 LIVE 恐竜 もくじ

表紙《ひょうし》：ティラノサウルス　裏表紙《うらびょうし》：パラサウロロフス
背表紙《せびょうし》：ティラノサウルス　とびら：トリケラトプス

さくいん INDEX

この本《ほん》に出《で》ている恐竜《きょうりゅう》などの名前《なまえ》と学名《がくめい》が，アイウエオ順《じゅん》に出《で》ています。
下《した》に，その恐竜《きょうりゅう》を発表《はっぴょう》した人《ひと》，発表《はっぴょう》された年《とし》が書《か》いてあります。
太《ふと》い文字《もじ》のページは，標本《ひょうほん》のページです。

『学研《がっけん》の図鑑《ずかん》LIVE 恐竜《きょうりゅう》』

気《き》をつけよう! 情報《じょうほう》を集《あつ》めるときは複数《ふくすう》の本《ほん》から

複数《ふくすう》の情報《じょうほう》にあたることが大切《たいせつ》です。

「本《ほん》に書《か》いてあることは正《ただ》しい情報《じょうほう》でしょう。1さつの本《ほん》で調《しら》べたら十分《じゅうぶん》だと思《おも》うんだけど。」

たしかに本《ほん》に書《か》いてあることは正《ただ》しいものが多《おお》いですが，本《ほん》が古《ふる》くなると書《か》いてある情報《じょうほう》も古《ふる》くなっていることがあります。また，複数《ふくすう》の本《ほん》を読《よ》むと，いろいろな見方《みかた》や考《かんが》え方《かた》でとらえることができるようになります。

より正確《せいかく》な情報《じょうほう》を手《て》にするためには，1つの情報源《じょうほうげん》だけを信《しん》じこむのではなく，複数《ふくすう》の情報源《じょうほうげん》にあたることが，とても大切《たいせつ》です。

しらべよう 学校《がっこう》の図書室《としょしつ》の百科事典《ひゃっかじてん》や図《ず》かんなど，2さつ以上《いじょう》の本《ほん》で「新幹線《しんかんせん》」について調《しら》べてみましょう。

ステップ3
世《よ》の中《なか》のことを知《し》ろう③「インタビュー」

かつどう

① インタビューの目《もく》的《てき》や相手《あいて》を考《かんが》える
② 質問《しつもん》を考《かんが》える
③ インタビューをお願《ねが》いする
④ インタビューをする
⑤ 記録《きろく》をかくにんする

「コンビニエンスストアでは，どんな物《もの》が売《う》れているのかな。」

「バーコードにはどんなひみつがあるのかな。」

そうたさんたちは，コンビニエンスストアで働《はたら》く人《ひと》に話《はなし》を聞《き》くことにしました。

質問《しつもん》を考《かんが》えよう

インタビューでは，聞《き》きたいことだけを聞《き》くのではなく，相手《あいて》と仲良《なかよ》くなることが成功《せいこう》のコツです。あらかじめ質問《しつもん》をいくつか考《かんが》え，聞《き》く順番《じゅんばん》を決《き》めて「質問《しつもん》メモ」をじゅんびしましょう。最初《さいしょ》は相手《あいて》が答《こた》えやすい質問《しつもん》からインタビューを始《はじ》めます。

インタビューをお願《ねが》いしよう

とつ然《ぜん》インタビューをするのは失礼《しつれい》です。事前《じぜん》に約束《やくそく》をしましょう。「いつ，どこで，だれが」インタビューするのか，「何《なに》を，どうして」知《し》りたいのかをていねいに伝《つた》えます。手《て》紙《がみ》や電話《でんわ》，メールでお願《ねが》いする方法《ほうほう》もあります。相手《あいて》の都合《つごう》を考《かんが》えることが大切《たいせつ》です。

インタビューをしよう

インタビューを始《はじ》めるときには，きちんとあいさつや自己《じこ》しょうかいをしましょう。

また，「インタビュー係《がかり》」「記録係《きろくがかり》」「さつえい係《がかり》」などの役割《やくわり》を決《き》めて，事前《じぜん》に練習《れんしゅう》しておきましょう。

気《き》をつけよう! インタビューのポイント

- 質問《しつもん》メモにそって明《あか》るい声《こえ》で質問《しつもん》をする。
- 話《はなし》を聞《き》くときはうなずいたり，質問《しつもん》をつけたしたりする。
- 大事《だいじ》な言葉《ことば》や数字《すうじ》をかじょう書《が》きでメモする。

＊ＩＣ《アイシー》レコーダーで録音《ろくおん》すると，聞《き》き直《なお》せるので便利《べんり》。
＊写真《しゃしん》さつえいや録音《ろくおん》の前《まえ》にとってもよいか，きょかをもらう。

記録《きろく》をかくにんしよう

インタビューが終《お》わったら，内容《ないよう》のかくにんをしましょう。特《とく》に名前《なまえ》や数字《すうじ》は正確《せいかく》さが必要《ひつよう》です。

最後《さいご》に，質問《しつもん》に対《たい》してどんな答《こた》えだったか，文章《ぶんしょう》にまとめると調《しら》べたことが明確《めいかく》になります。

やってみよう 「家《いえ》の人《ひと》の仕事《しごと》」についてインタビューをしてみましょう。

ステップ4 みんなの考《かんが》えを知《し》ろう「アンケート」

かつどう

① 質問《しつもん》を考《かんが》える

② 結果《けっか》を表《ひょう》やグラフにまとめる

「クラスでは，どのメニューが人《にん》気《き》なのかな。」

そうたさんは「好《す》きな給食《きゅうしょく》」についてのアンケートをとることにしました。

質問《しつもん》を考《かんが》えよう

アンケートでは，質問《しつもん》によって回答《かいとう》らんが変《か》わります。

例《たと》えば「あなたが好《す》きな給食《きゅうしょく》は何《なん》ですか。」のように，いろいろな答《こた》えが予想《よそう》される質問《しつもん》には，自由記《じゆうき》じゅつの回答《かいとう》らんを作《つく》ります。

また，「カレーとたまごスープ，どちらが好《す》きですか。」といった質問《しつもん》には，選択《せんたく》しの回答《かいとう》らんを用意《ようい》します。

①あなたが好《す》きな給食《きゅうしょく》は何《なん》ですか。

答《こた》え ＿＿＿＿＿＿＿＿＿＿

②カレーとたまごスープ，どちらが好《す》きですか？

カレー　　たまごスープ

③あなたは，牛乳《ぎゅうにゅう》が好《す》きですか。

当《あ》てはまる	少《すこ》し当《あ》てはまる	あまり当《あ》てはまらない	当《あ》てはまらない

「あなたは，牛乳《ぎゅうにゅう》が好《す》きですか。」という質問《しつもん》には，『当《あ》てはまる』『少《すこ》し当《あ》てはまる』『あまり当《あ》てはまらない』『当《あ》てはまらない』などの回答《かいとう》らんを設《もう》けます。『ふつう』のらんは作《つく》らずに，４つに分《わ》けるとけい向《こう》が見《み》えてきます。

結果《けっか》を表《ひょう》やグラフにまとめよう

アンケートの結果《けっか》は，表《ひょう》やグラフにまとめると分《わ》かりやすくなります。（⇨「⑦ **表《ひょう》やグラフで表《あらわ》そう**」）

１まい１まいのアンケート用紙《ようし》に書《か》かれた結果《けっか》は，集計用《しゅうけいよう》紙《し》を用意《ようい》して「正《せい》」の字《じ》でまとめていきます。最終的《さいしゅうてき》に多《おお》い順《じゅん》にならべかえて数字《すうじ》に書《か》き直《なお》します。

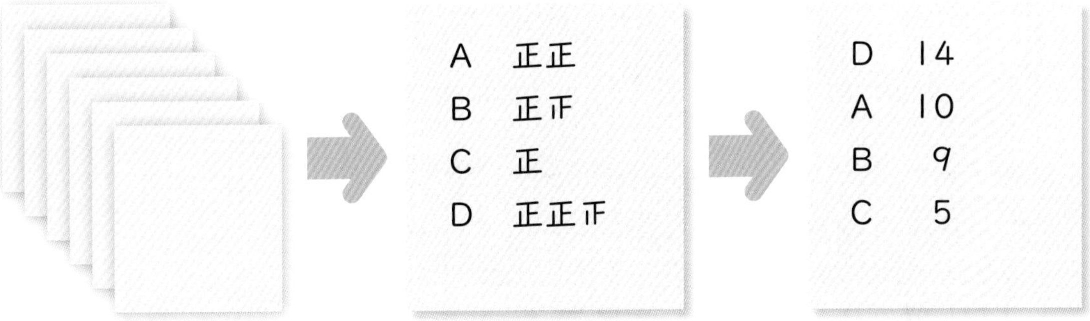

また，コンピュータでアンケートフォームを使《つか》うと，集計《しゅうけい》作業《さぎょう》やグラフの作成《さくせい》まで自動的《じどうてき》に行《おこな》うこともできます。

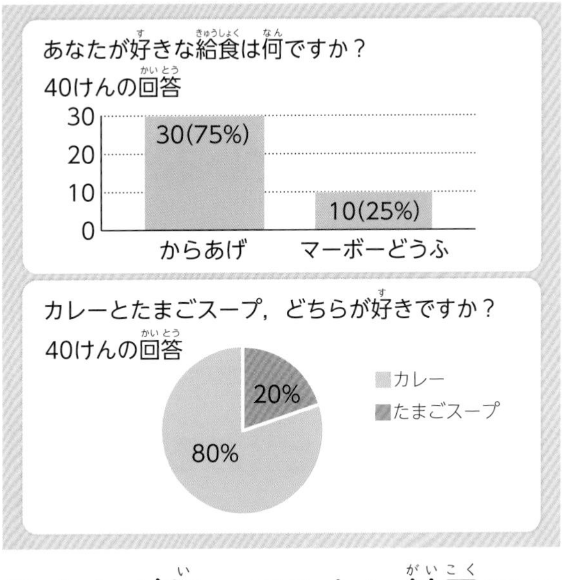

やってみよう「好《す》きな動物《どうぶつ》」についてアンケートをとってみましょう。

「わたしは，クラスのみんなが行《い》ってみたい外国《がいこく》についてアンケートをとりたいな。」

「ぼくは外国《がいこく》の給食《きゅうしょく》についてインターネットでけんさくしてみよう。」

5 情《じょう》報《ほう》を読《よ》み取《と》ろう

ステップ1 いろいろな情報《じょうほう》から読《よ》み取《と》ろう

かつどう

1. 案内板《あんないばん》から情報《じょうほう》を読《よ》み取《と》る
2. ポスターから情報《じょうほう》を読《よ》み取《と》る

図《ず》やポスターには，いろいろな情報《じょうほう》が組《く》み合《あ》わされて表現《ひょうげん》されています。

案内板《あんないばん》から情報《じょうほう》を読《よ》み取《と》ろう

右《みぎ》の案内板《あんないばん》から分《わ》かることを読《よ》み取《と》ってみましょう。

「道路《どうろ》にある案内《あんない》板《ばん》だね。矢印《やじるし》が方《ほう》向《こう》を表《あらわ》しているんだね。」

「まっすぐ行《い》くと『奥出雲《おくいずも》』で左《ひだり》に曲《ま》がると『おろちの里《さと》』があるんだね。」

「文字《もじ》で地名《ちめい》やしせつの名前《なまえ》が書《か》いてあるね。」

「下《した》の看板《かんばん》には『尾原《おばら》ダム』と書《か》いてあって，ダムのイラストもあるね。」

ほかにこの案内板《あんないばん》からどんな情報《じょうほう》が読《よ》み取《と》れるでしょうか。

ポスターから情報《じょうほう》を読《よ》み取《と》ろう

次《つぎ》に，ポスターから情報《じょうほう》を取《と》り出《だ》してみましょう。

「きれいなさくらの写真《しゃしん》だね。」

「写真《しゃしん》の上《うえ》に大《おお》きく『さくらまつり』とあるね。色《いろ》もピンクで目立《めだ》つように書《か》かれているね。」

「夜《よ》ざくらの写真《しゃしん》ものっているから，夜《よる》もお祭《まつ》りをしていることが分《わ》かるね。」

「下《した》の方《ほう》の細《こま》かい文字《もじ》を読《よ》むと，さくらの見《み》ごろやお祭《まつ》りが開《ひら》かれる日程《にってい》が分《わ》かるね。」

「本当《ほんとう》だ。さくらの見《み》ごろは３月上《がつじょう》じゅんから４月下《がつげ》じゅんで，メインイベントは４月６日《か》と７日《か》なんだね。」

このようにポスターは，さまざまな情報《じょうほう》を工夫《くふう》してのせています。

やってみよう 右《みぎ》のポスターから情報《じょうほう》を取《と》り出《だ》してみましょう。

- どんな情報《じょうほう》が伝《つた》えられていますか。
- 工夫《くふう》して表現《ひょうげん》しているところはどこですか。

つくよ野FBS
メンバー募集！
つくよ野フットボールスクールは，
つくよ野FCのフットボールスクールです
サッカーを通して，自分で考え，
判断し，解決できる力を養います。
無料体験レッスン受付中
第1・第3 土曜 午後14時～16時
詳細はお問い合わせください
幼児から中学生まで一貫指導
初心者，経験者，どちらも大歓迎です！
〈お問い合わせ先〉
ホームページ http://tsukuyonofsc_○○○○.com
e-mail：tsukuyonofsc@○○○.co.jp
担当：藤久保聡 090-0000-0000

ステップ2 インターネットの情報《じょうほう》を読《よ》み取《と》ろう

かつどう

1. インターネットの情《じょう》報《ほう》の特《とく》ちょうを知《し》る
2. インターネットの情《じょう》報《ほう》を分《わ》ける
3. 情報《じょうほう》を取《と》り出《だ》してつなげる

インターネットにはたくさんの役《やく》に立《た》つ情報《じょうほう》があります。これまで学習《がくしゅう》してきた情報《じょうほう》の表《あらわ》し方《かた》のほか，動画《どうが》などさまざまな情報《じょうほう》の表《あらわ》し方《かた》があります。インターネットの情報《じょうほう》を読《よ》み取《と》ってみましょう。

インターネットの情報《じょうほう》の特《とく》ちょうを知《し》ろう

インターネットの情報《じょうほう》はさまざまな種類《しゅるい》の情報《じょうほう》を組《く》み合《あ》わせて作《つく》られていることが多《おお》いです。一《ひと》つ一《ひと》つの情報《じょうほう》を読《よ》み取《と》ることが必要《ひつよう》です。

情報《じょうほう》の種類《しゅるい》
- 文章《ぶんしょう》
- 画像《がぞう》
- 音声《おんせい》
- 動画《どうが》
- 図《ず》や写真《しゃしん》

インターネットの情報《じょうほう》を分《わ》けよう

このページにはどんな情報《じょうほう》が組《く》み合《あ》わされていますか。また，それぞれの情報《じょうほう》からどんなことが分《わ》かるでしょうか。

情報《じょうほう》を取《と》り出《だ》してつなげてみよう

では，インターネットのページから情報《じょうほう》を取《と》り出《だ》してつなげてみましょう。

「ページの上《うえ》に『学研小学校《がっけんしょうがっこう》』とあって，背景《はいけい》の写真《しゃしん》も校舎《こうしゃ》みたいだから小学校《しょうがっこう》のホームページね。」

「6月《がつ》10日《か》に運動会《うんどうかい》をやったんだ。写真《しゃしん》と説明文《せつめいぶん》があるよ。」

「そのほかにどんな行事《ぎょうじ》があるのかな。行事予定《ぎょうじよてい》というところをクリックすれば見《み》られるのかな。」

「そのほかにも学校案内《がっこうあんない》とか校長《こうちょう》あいさつとかがあるね。」

「どんな学校《がっこう》なのかは，学校案内《がっこうあんない》をクリックすれば分《わ》かるのかな。読《よ》んでみよう。」

分《わ》けた情報《じょうほう》から情報《じょうほう》を一《ひと》つずつ取《と》り出《だ》して，つなげていくといろいろなことが分《わ》かってきましたね。

話《はな》し合《あ》おう　インターネットの情報《じょうほう》をくらべてみよう

右《みぎ》の二《ふた》つのページはどちらも学校《がっこう》について同《おな》じ情報《じょうほう》がしめされています。どちらのページを見《み》たとき学校《がっこう》に行《い》きたくなりますか。

ア

イ

学研小学校
ホーム　学校案内　行事案内　校長あいさつ
○○小の道徳教育　学校評価
アクセス　〒141-8510　東京都品川区西五反田二丁目11番8号
更新情報
6/10/2020 運動会開催
6/01/2020 地域別学校評価更新
5/24/2020 運動会練習
運動会　6月10日（日）
梅雨入りしたばかりの日曜日，雲が多めではありましたが，すがすがしい晴れ間ものぞく中，予定通りに運動会を実施できました。アイドルグループの動きを取り入れた高学年合同のダンスでは，低中学年も，先生たちも歌ったり踊ったりして楽しみました。学校全体のまとまりを感じられた瞬間でした。

「イは文字《もじ》だけ。アは写真《しゃしん》や地図《ちず》もある。」

「学校《がっこう》の様子《ようす》がよく分《わ》かるのはどっちかな。」

6 情《じょう》報《ほう》を整《せい》理《り》しよう

ステップ1 付《ふ》せんを使《つか》って情報《じょうほう》を整理《せいり》しよう

かつどう

1. 付《ふ》せんに考《かんが》えを書《か》く
2. 付《ふ》せんをグループ分《わ》けする
3. グループに名前《なまえ》(見《み》出《だ》し)をつける
4. 文章《ぶんしょう》にまとめる

そうたさんたちは消防署《しょうぼうしょ》を見学《けんがく》して，発見《はっけん》したことをメモしました。みんなの意見《いけん》を付《ふ》せんを使《つか》ってまとめることになりました。

付《ふ》せんに考《かんが》えを書《か》こう

まず模造紙《もぞうし》やホワイトボードなど付《ふ》せんをはる場所《ばしょ》をじゅんびします。

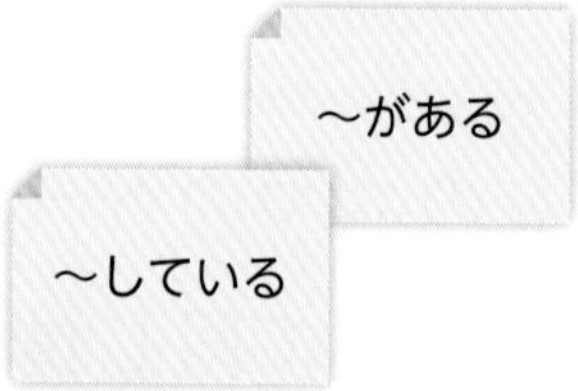

次《つぎ》に思《おも》いついたことを付《ふ》せんに書《か》きます。付《ふ》せん1まいに一《ひと》つの考《かんが》えを書《か》きます。自由《じゆう》に意見《いけん》を出《だ》すこと，他人《たにん》の意見《いけん》をひはんしないこと，たくさん出《だ》すことが大切《たいせつ》です。

書《か》き終《お》わったら，全部《ぜんぶ》の付《ふ》せんを模《も》造紙《ぞうし》にはっていきます。

↑何度《なんど》もはりかえながら整理《せいり》していきます。

付《ふ》せんをグループ分《わ》けしよう

にている意見《いけん》をまとめます。無理《むり》にまとめる必《ひつ》要《よう》はありません。

グループに名前《なまえ》(見出《みだ》し)をつけよう

グループがいくつか集《あつ》まってさらに大《おお》きなグループになるときもあります。集《あつ》まったグループの内容《ないよう》を短《みじか》くまとめた見《み》出《だ》しをつけます。

文章《ぶんしょう》にまとめよう

最後《さいご》は文章《ぶんしょう》にまとめます。調《しら》べたことから考《かんが》えたことや分《わ》かったことを整理《せいり》します。

付《ふ》せんを使《つか》って情報《じょうほう》を集《あつ》めたり，まとめたりする活動《かつどう》は，学校《がっこう》だけでなく社会《しゃかい》で広《ひろ》く行《おこな》われています。

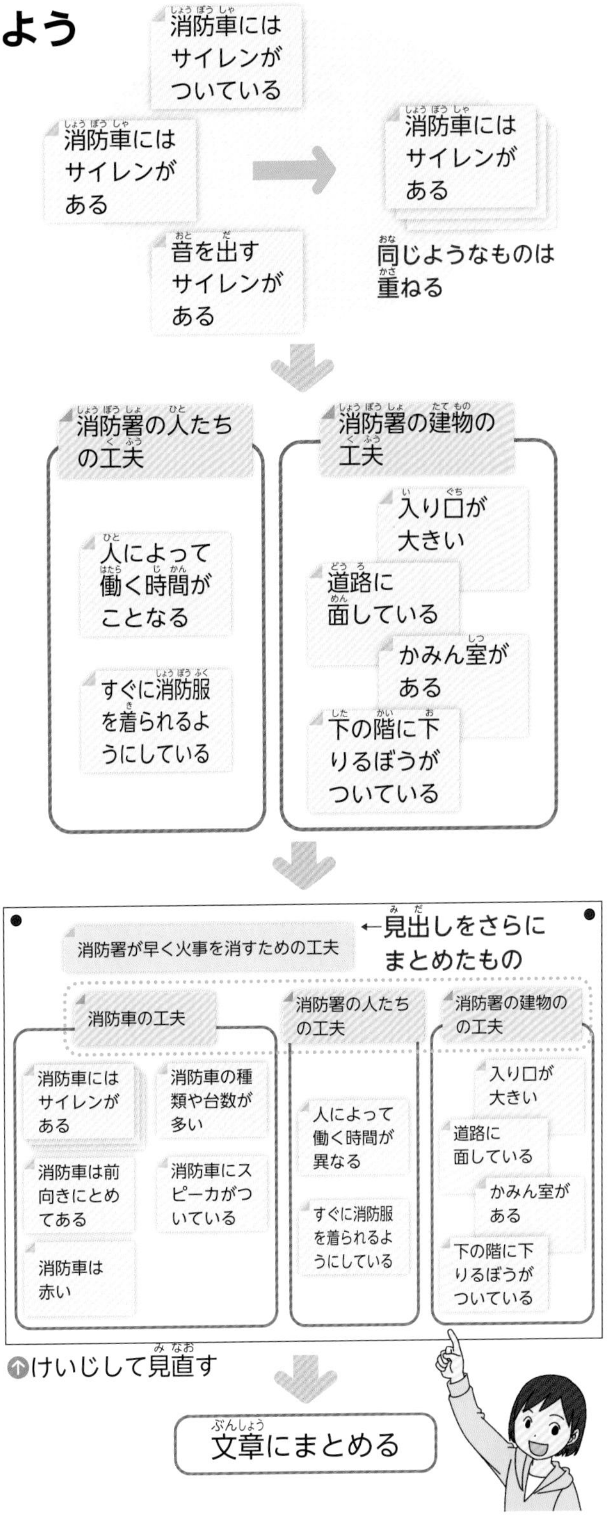
消防車《しょうぼうしゃ》にはサイレンがついている
消防車《しょうぼうしゃ》にはサイレンがある
音《おと》を出《だ》すサイレンがある
消防車《しょうぼうしゃ》にはサイレンがある
同《おな》じようなものは重《かさ》ねる
消防署《しょうぼうしょ》の人《ひと》たちの工夫《くふう》
消防署《しょうぼうしょ》の建物《たてもの》の工夫《くふう》
人《ひと》によって働《はたら》く時間《じかん》がことなる
すぐに消防服《しょうぼうふく》を着《き》られるようにしている
入《い》り口《ぐち》が大きい
道路《どうろ》に面《めん》している
かみん室《しつ》がある
下《した》の階《かい》に下《お》りるぼうがついている
消防署が早く火事を消すための工夫
←見出《みだ》しをさらにまとめたもの
消防車の工夫
消防署の人たちの工夫
消防署の建物の工夫
消防車にはサイレンがある
消防車の種類や台数が多い
消防車は前向きにとめてある
消防車にスピーカがついている
消防車は赤い
人によって働く時間が異なる
すぐに消防服を着られるようにしている
入り口が大きい
道路に面している
かみん室がある
下の階に下りるぼうがついている
↑けいじして見直《みなお》す
文章《ぶんしょう》にまとめる

やってみよう 自分《じぶん》の学校《がっこう》のよいところや変《か》えたいところについて付《ふ》せんを使《つか》ってグループで整理《せいり》してみましょう。

ステップ2　思考《しこう》ツールを使《つか》おう

かつどう

1. ベン図《ず》でくらべる
2. イメージマップで考《かんが》えを広《ひろ》げる

思考《しこう》ツールは頭《あたま》の中《なか》の考《かんが》えを見《み》えるようにして考《かんが》えを整理《せいり》するのに役立《やくだ》つ手段《しゅだん》です。いろいろな形《かたち》があります。

ベン図《ず》でくらべてみよう

二《ふた》つ以上《いじょう》のものをくらべるときにはベン図《ず》が便利《べんり》です。下《した》のベン図《ず》は，イチゴとバナナをくらべたものです。

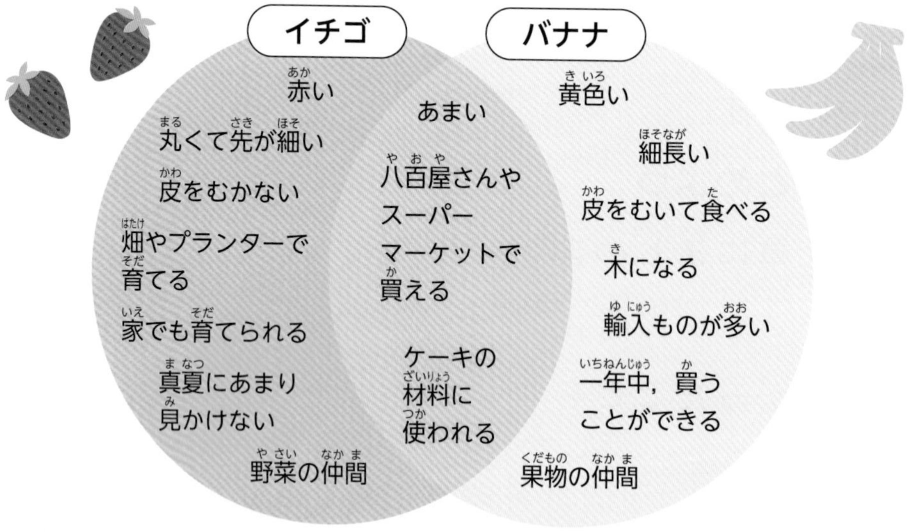

ベン図《ず》のかき方《かた》

1)　くらべるものの特《とく》ちょうをあげる
2)　共通《きょうつう》する事《こと》がらを円《えん》の重《かさ》なった部分《ぶぶん》に，ことなっている事《こと》がらをそれ以外《いがい》の円《えん》の中《なか》に書《か》き出《だ》す

やってみよう　小学校《しょうがっこう》と中学校《ちゅうがっこう》の特《とく》ちょうをベン図《ず》でくらべてみましょう。

イメージマップで考《かんが》えを広《ひろ》げてみよう

考《かんが》えを広《ひろ》げるときは，イメージマップが役立《やくだ》ちます。右《みぎ》の図《ず》は「春《はる》」から連想《れんそう》する事《こと》がらを書《か》き出《だ》したものです。

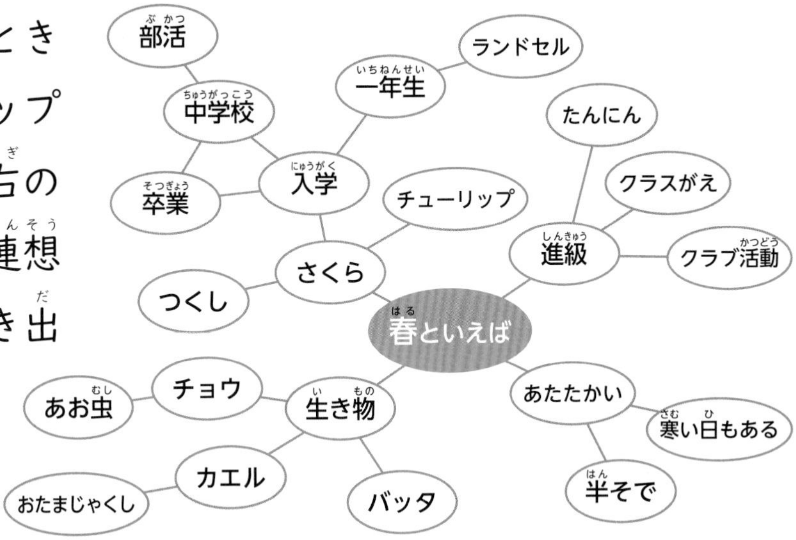

イメージマップのかき方《かた》

1)　考《かんが》えを広《ひろ》げたい言葉《ことば》や短《みじか》い文《ぶん》を中心《ちゅうしん》に書《か》く

2)　中心《ちゅうしん》の言葉《ことば》や文《ぶん》から思《おも》いつくことを書《か》いていく

やってみよう　運動会《うんどうかい》や卒業式《そつぎょうしき》など学校行事《がっこうぎょうじ》の中《なか》からテーマを一《ひと》つ選《えら》び，イメージマップに書《か》き出《だ》してみましょう。

考《かんが》えを整理《せいり》するための思考《しこう》ツールはほかにもあります。目的《もくてき》におうじて活用《かつよう》しましょう。

「ぼくはボーン図《ず》で遊《ゆう》園地《えんち》についてまとめてみたい。」

「私《わたし》はＰＭＩ《ピーエムアイ》シートで係《かかり》の仕事《しごと》を見直《みなお》そう。」

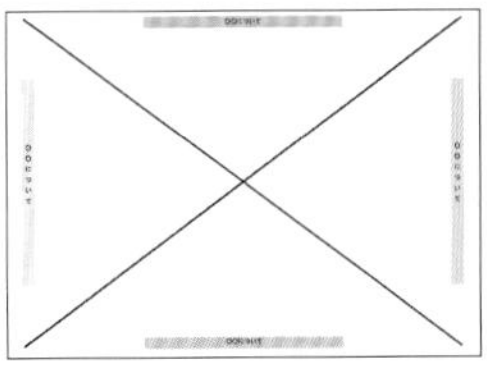
X(エックス)チャート

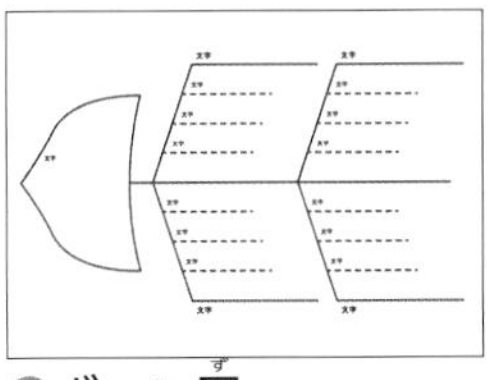
ボーン図《ず》

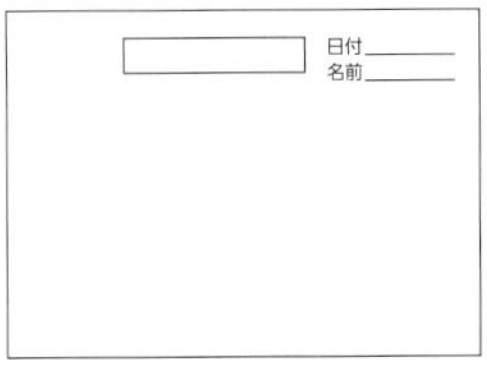

コンセプトマップ

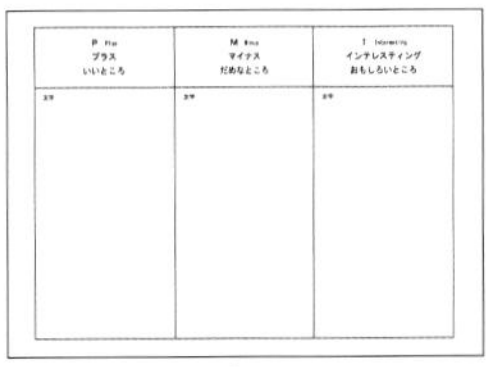

PMI(ピーエムアイ)シート

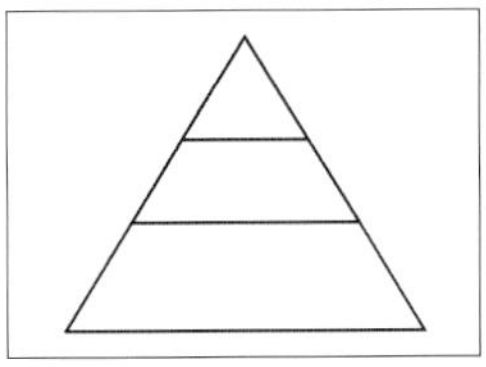
ピラミッドチャート

7 表《ひょう》やグラフで表《あらわ》そう

ステップ1 表《ひょう》とグラフをくらべよう

かつどう

1. 表《ひょう》の特《とく》ちょうを知《し》る
2. グラフの特《とく》ちょうを知《し》る

表《ひょう》の特《とく》ちょう

そうたさんたちは４年《ねん》２組《くみ》で人気《にんき》の給《きゅう》食《しょく》のメニューを調《しら》べました。

「４年《ねん》２組《くみ》ではチャーハンがいちばん人気《にんき》なんだね。」

「学年全体《がくねんぜんたい》では，どうかな。」

表《ひょう》は，調《しら》べた結果《けっか》を分《わ》かりやすくしめすことができます。

表《ひょう》1 は，４年《ねん》２組《くみ》の好《す》きなメニューをしめしています。ほかのクラスの結果《けっか》もいっしょに表《あらわ》す場合《ばあい》には，表《ひょう》2 のようにしめすこともできます。また，「クラス」を「男女《だんじょ》」や「月《つき》」などに変《か》えてまとめることもできます。

表《ひょう》1 人気《にんき》メニュー調《しら》べ（4年《ねん》2組《くみ》）

メニュー	人数《にんずう》
チャーハン	9
カレー	8
スパゲッティ	8
あげパン	4
合計《ごうけい》	29

表《ひょう》2 人気《にんき》メニュー調《しら》べ（４年生《ねんせい》）

メニュー	1組《くみ》	2組《くみ》	3組《くみ》	4組《くみ》	人数《にんずう》
カレー	11	8	10	9	38
スパゲッティ	6	8	5	10	29
チャーハン	7	9	6	4	26
あげパン	6	4	8	7	25
合計《ごうけい》	30	29	29	30	118

給食委員調《きゅうしょくいいんしら》べ（2020年《ねん》）

グラフの特《とく》ちょう

表《ひょう》では数《かず》を分《わ》かりやすくしめすことができますが，たくさんの数《かず》がある場合《ばあい》は大《おお》きさの関係《かんけい》が分《わ》かりにくくなります。数《かず》の大小《だいしょう》をぼうの長《なが》さや折《お》れ線《せん》，面積《めんせき》で表《あらわ》したものがグラフです。

あおいさんたちは，給食《きゅうしょく》の人気《にんき》メニューをぼうグラフで表《あらわ》すことにしました。

「グラフのタイトルは『４年《ねん》２組《くみ》の給食人気《きゅうしょくにんき》メニュー』になるね。」

「たてじくは人数《にんずう》にするから，単位《たんい》は（人《にん》）だね。」

「横《よこ》じくにメニューをならべよう。」

「ぼうの長《なが》さで人数《にんずう》を表《あらわ》すのね。」

４年《ねん》２組《くみ》の給食人気《きゅうしょくにんき》メニュー

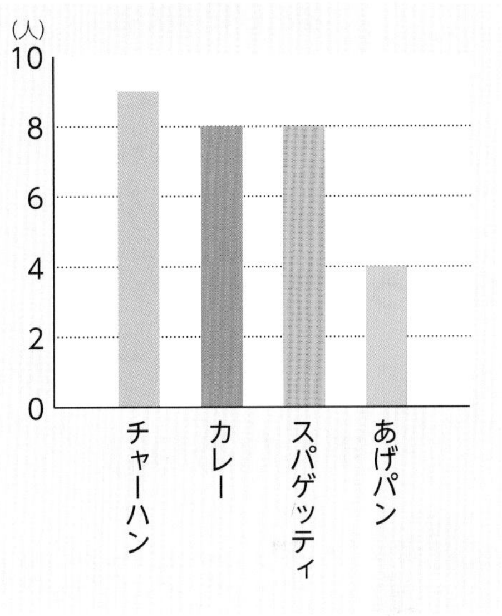

グラフは，数《かず》の大小《だいしょう》や変化《へんか》がひとめで分《わ》かるのがよい点《てん》です。

このように，表《ひょう》やグラフにはそれぞれ特《とく》ちょうがあります。表《あらわ》したい内容《ないよう》に合《あ》わせて使《つか》い分《わ》けましょう。

やってみよう 休《やす》み時間《じかん》にやりたい遊《あそ》びを調《しら》べて表《ひょう》やグラフにしてみましょう。

ステップ2 いろいろなグラフ

かつどう
1 グラフから情報《じょうほう》を読《よ》み取《と》る

グラフから情報《じょうほう》を読《よ》み取《と》ろう

そうたさんたちが表《ひょう》にまとめた4年生《ねんせい》の好《す》きな給食《きゅうしょく》を，グラフで表《あらわ》すことになりました。

「表《ひょう》では数《かず》をはっきりとしめすことができたね。」

「グラフは，たくさん種類《しゅるい》があるんだね。どんなグラフを使《つか》うと分《わ》かりやすいかな。」

●ぼうグラフ

「ぼうグラフで表《あらわ》すと，調《しら》べた数《かず》の大《おお》きさをくらべやすくなるね。」

「ぼうグラフには横《よこ》向《む》きのものもあるんだね。」

4年生《ねんせい》 給食人気《きゅうしょくにんき》メニュー調《しら》べ

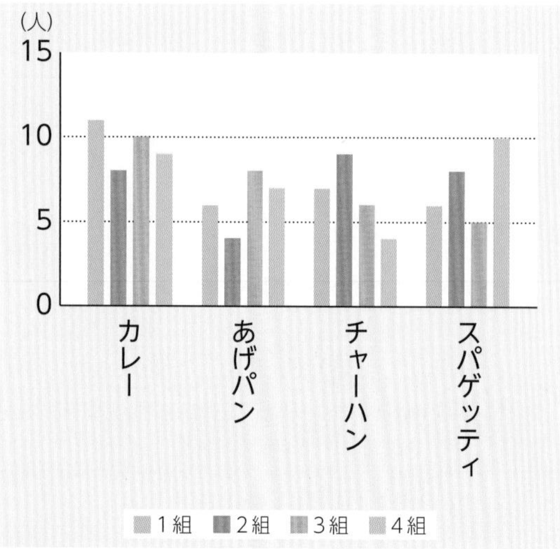

4年生《ねんせい》 給食人気《きゅうしょくにんき》メニュー調《しら》べ

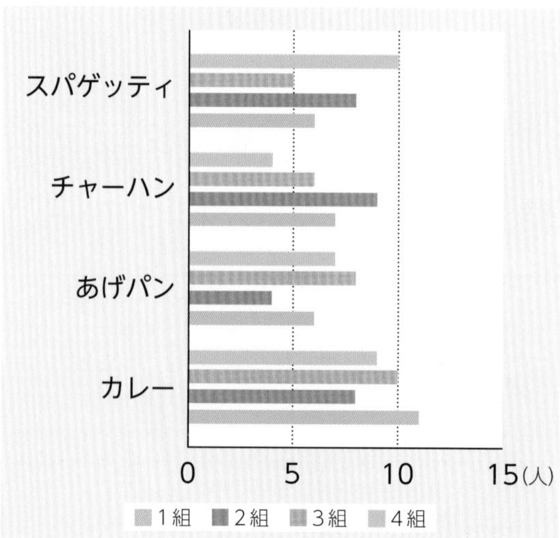

●折《お》れ線《せん》グラフ

「給食《きゅうしょく》の人気《にんき》メニューを折《お》れ線《せん》グラフで表《あらわ》すと変《へん》だね。」

「気温《きおん》の変化《へんか》などは折《お》れ線《せん》グラフだと分《わ》かりやすいね。」

4年生《ねんせい》　給食人気《きゅうしょくにんき》メニュー調《しら》べ

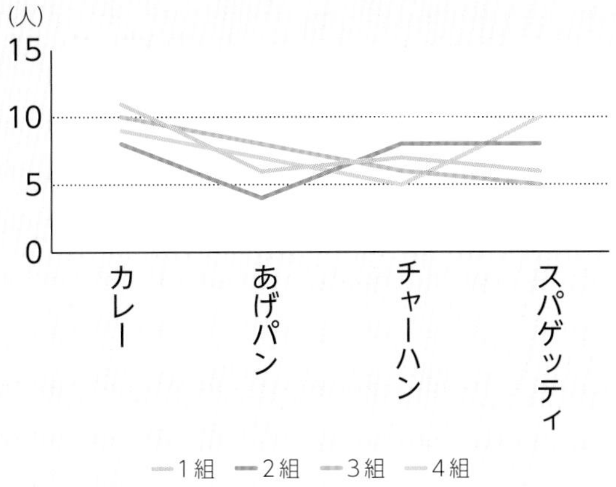

●円《えん》グラフ，帯《おび》グラフ

「円《えん》グラフや帯《おび》グラフは，全体《ぜんたい》の中《なか》の割合《わりあい》を知《し》りたいときに分《わ》かりやすそうだね。」

「クラスごとの表《ひょう》をグラフにするときはいいかもしれないね。」

4年生《ねんせい》　給食人気《きゅうしょくにんき》メニュー調《しら》べ

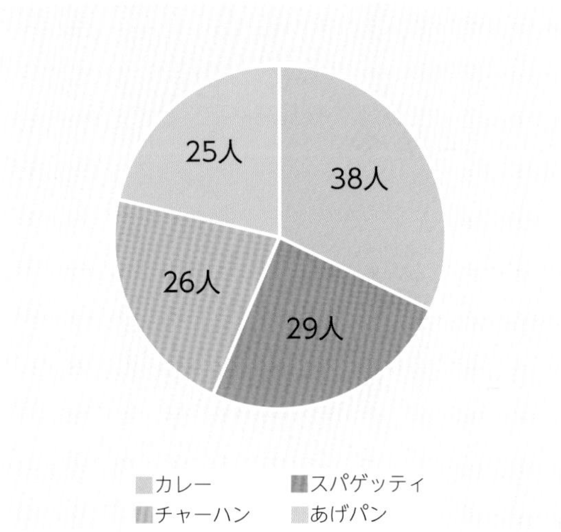

4年生《ねんせい》　給食人気《きゅうしょくにんき》メニュー調《しら》べ

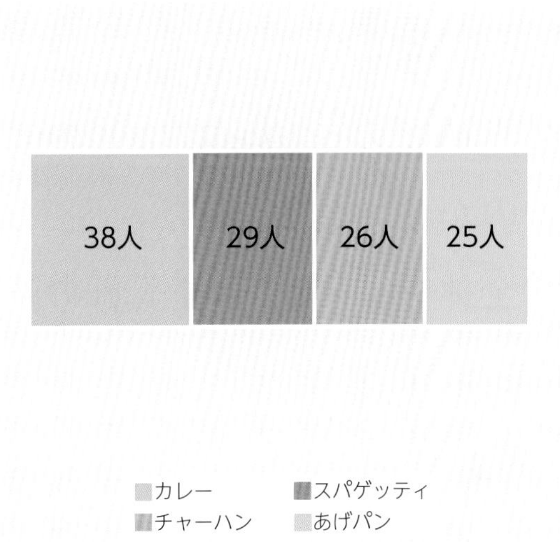

「何《なに》を伝《つた》えたいかによって，どんなグラフを使《つか》うのかが変《か》わってくるんだね。」

ステップ3 表《ひょう》やグラフで表《あらわ》そう

かつどう

1. 目的《もくてき》によって，どれを使《つか》うか考《かんが》える
2. グラフを作《つく》って伝《つた》える

目的《もくてき》によってどれを使《つか》うか考《かんが》えよう

表《ひょう》やグラフで情報《じょうほう》を伝《つた》えるときには，だれに，何《なに》を伝《つた》えたいのか，目的《もくてき》に合《あ》ったものを選《えら》ぶことが大切《たいせつ》です。

グラフを作《つく》って伝《つた》えよう

やってみよう 次《つぎ》の表《ひょう》は，1週間《しゅうかん》に，そうたさんがリフティングを成功《せいこう》させた回数《かいすう》を調《しら》べたものです。次《つぎ》のようなときは，どのようなグラフで表《あらわ》すとよいでしょうか。

①曜日《ようび》ごとのリフティングの回数《かいすう》をくらべるとき

②1週間《しゅうかん》の成功回数《せいこうかいすう》はどのように変化《へんか》するのかを見《み》るとき

③全体《ぜんたい》の中《なか》で，それぞれの曜日《ようび》の割合《わりあい》を伝《つた》えるとき

リフティングの回数《かいすう》

曜日《ようび》	回数《かいすう》
日《にち》	6
月《げつ》	5
火《か》	6
水《すい》	7
木《もく》	9
金《きん》	8
土《ど》	12

「量《りょう》の大《おお》きさをくらべるには，ぼうグラフが分《わ》かりやすいね。」

「回数《かいすう》の変化《へんか》を折《お》れ線《せん》グラフに表《あらわ》すと，成功《せいこう》した回数《かいすう》がだんだんふえていることが分《わ》かるね。」

「円《えん》グラフに表《あらわ》すと，全体《ぜんたい》の中《なか》での割合《わりあい》を分《わ》かりやすくしめすことができるね。」

折《お》れ線《せん》グラフ

リフティングの回数《かいすう》

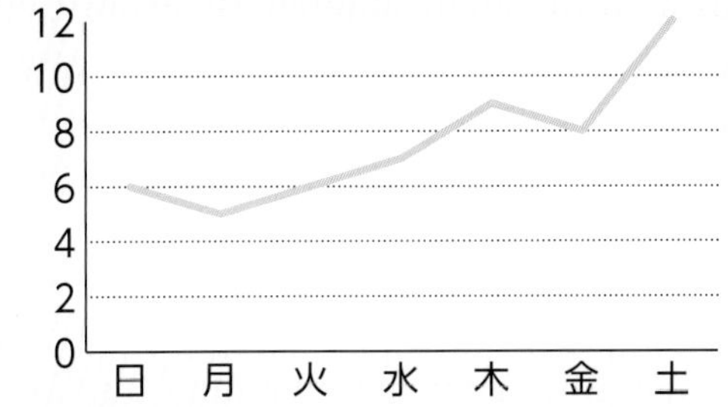

目的《もくてき》に合《あ》った表《ひょう》やグラフを作成《さくせい》することで，自分《じぶん》の伝《つた》えたいことを分《わ》かりやすく相手《あいて》に伝《つた》えることができます。

コラム 知っていると便利《べんり》！

表計算《ひょうけいさん》ソフト

表計算《ひょうけいさん》のソフトでは全体《ぜんたい》がます目《め》（セルと言《い》います）になっています。そこに数《かず》を入力《にゅうりょく》したり，式《しき》を使《つか》ったりすることで自動的《じどうてき》に計算《けいさん》されて表《ひょう》を作成《さくせい》することができます。

また，その表《ひょう》を利用《りよう》していろいろなグラフを簡単《かんたん》に作《つく》ることができます。

※ます目《め》のはんいを指定《してい》すると，合計《ごうけい》を出《だ》せるのをSUM《サム》関数《かんすう》といいます。

曜日《ようび》	回数《かいすう》
日《にち》	6
月《げつ》	5
火《か》	6
水《すい》	7
木《もく》	9
金《きん》	8
土《ど》	12
合計《ごうけい》	53

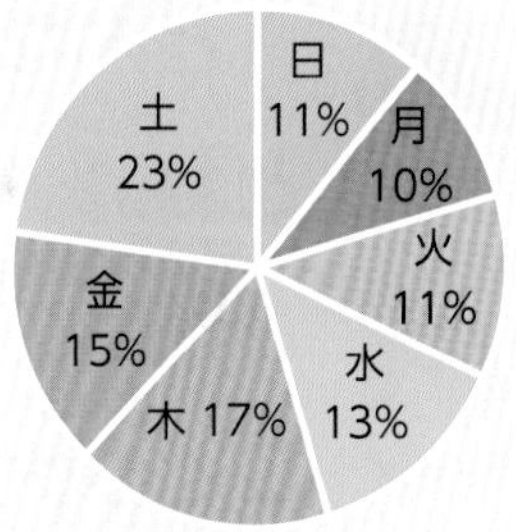

話《はな》し合《あ》おう 伝《つた》えたいことを話《はな》し合《あ》い，表《ひょう》やグラフどれで表《あらわ》せばよいか話《はな》し合《あ》いましょう。

「ぼくは休《やす》み時間《じかん》の人気《にんき》の遊《あそ》びを帯《おび》グラフにしてみるよ。」

「わたしは二重《にじゅう》とびを成功《せいこう》させた回数《かいすう》を折《お》れ線《せん》グラフにしようかな。」

8 プレゼンをしよう

ステップ1 スピーチをしよう

かつどう

1 スピーチのテーマを決《き》める

2 スピーチの構成《こうせい》を考《かんが》える

スピーチのテーマを決《き》めよう

あおいさんたちの学校《がっこう》では，朝《あさ》の時間《じかん》にスピーチをしています。今回《こんかい》のスピーチでは，「家《いえ》でしている手伝《てつだ》い」について伝《つた》えることになりました。

「わたしは，料理《りょうり》をお手伝《てつだ》いしていることについて話《はな》したいな。すごく楽《たの》しいの。」

「どんなことを，どのような順番《じゅんばん》で伝《つた》えるか考《かんが》えないとね。」

「聞《き》いている人《ひと》がよく分《わ》かるように伝《つた》えるにはどんなことが大切《たいせつ》なのかな。」

スピーチの構成《こうせい》を考《かんが》えよう

スピーチのテーマが決《き》まったら，何《なに》をどのように伝《つた》えるか構成《こうせい》を考《かんが》えましょう。スピーチの構成《こうせい》を考《かんが》えるときに，ピラミッドチャートという思考《しこう》ツールを使《つか》う方法《ほうほう》もあります。

ことば **思考《しこう》ツール** 頭《あたま》の中《なか》にある考《かんが》えを見《み》えるようにして，考《かんが》えを整理《せいり》するのに役立《やくだ》つ道《どう》具《ぐ》。⇨「⑥ **情報《じょうほう》を整理《せいり》しよう**」P.38〜P.39

●ピラミッドチャート

ピラミッドチャートは，伝《つた》えたいことを具体的《ぐたいてき》にしたいときに役立《やくだ》つ思考《しこう》ツールです。

ピラミッドの上《うえ》から下《した》に向《む》かって，伝《つた》えたい情報《じょうほう》を整理《せいり》します。

①いちばん伝《つた》えたいことを書《か》く。

②伝《つた》えたいと思《おも》った理由《りゆう》や，きっかけになったことを書《か》く。

③伝《つた》えたいことや伝《つた》えたいと思《おも》った理由《りゆう》についてエピソードを書《か》く。

あおいさんは，料理《りょうり》を手伝《てつだ》っていることについて伝《つた》えるために，ピラミッドチャートを書《か》きました。

「いちばん伝《つた》えたいことは，料理《りょうり》は楽《たの》しいってことだよ。」

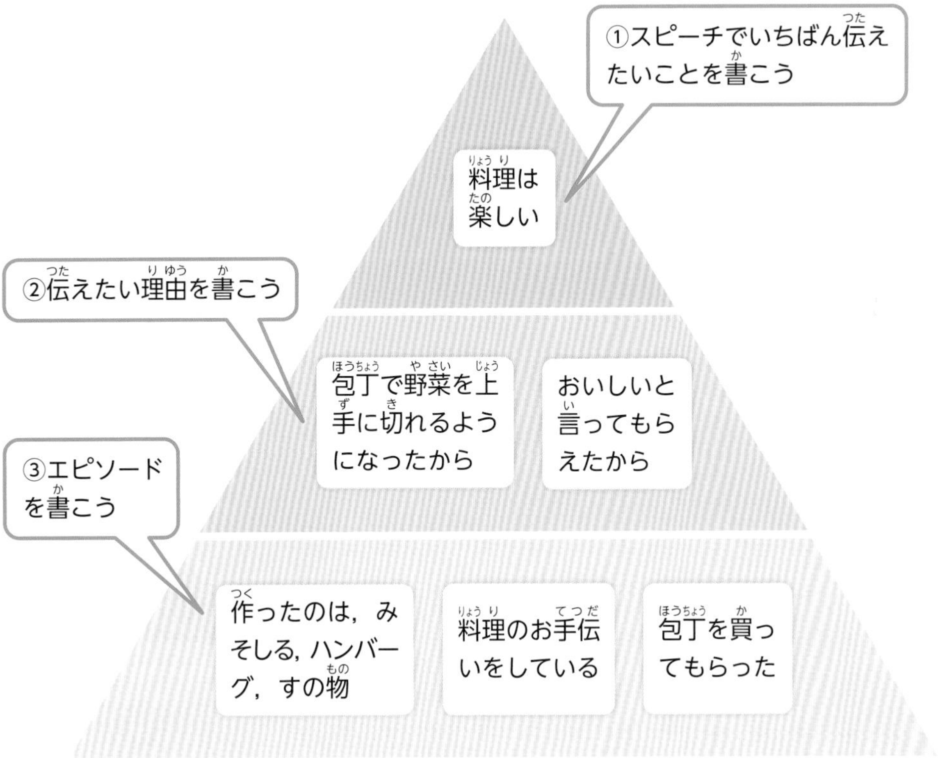
①スピーチでいちばん伝《つた》えたいことを書《か》こう
料理《りょうり》は楽《たの》しい
②伝《つた》えたい理由《りゆう》を書《か》こう
包丁《ほうちょう》で野菜《やさい》を上《じょう》手《ず》に切《き》れるようになったから
おいしいと言《い》ってもらえたから
③エピソードを書《か》こう
作《つく》ったのは，みそしる，ハンバーグ，すの物《もの》
料理《りょうり》のお手伝《てつだ》いをしている
包丁《ほうちょう》を買《か》ってもらった

やってみよう 自分《じぶん》がスピーチしたいテーマについて，ピラミッドチャートを書《か》いてみましょう。

ステップ2 プレゼンのスライドを作《つく》ろう

かつどう

1. プレゼンテーションソフトを使《つか》う
2. 伝《つた》わりやすいスライドを作《つく》る

　あおいさんは，スピーチで考《かんが》えた内容《ないよう》について，学年《がくねん》の友達《ともだち》にプレゼンをすることになりました。これからスライドを作《つく》ります。

「プレゼンテーションソフトは，どう使《つか》うのかな。」

プレゼンテーションソフトを使《つか》おう

　プレゼンで使《つか》う一《ひと》つ一《ひと》つの画面《がめん》をスライドといいます。スライドには，文字《もじ》や写真《しゃしん》，図表《ずひょう》などを入《い》れることができます。

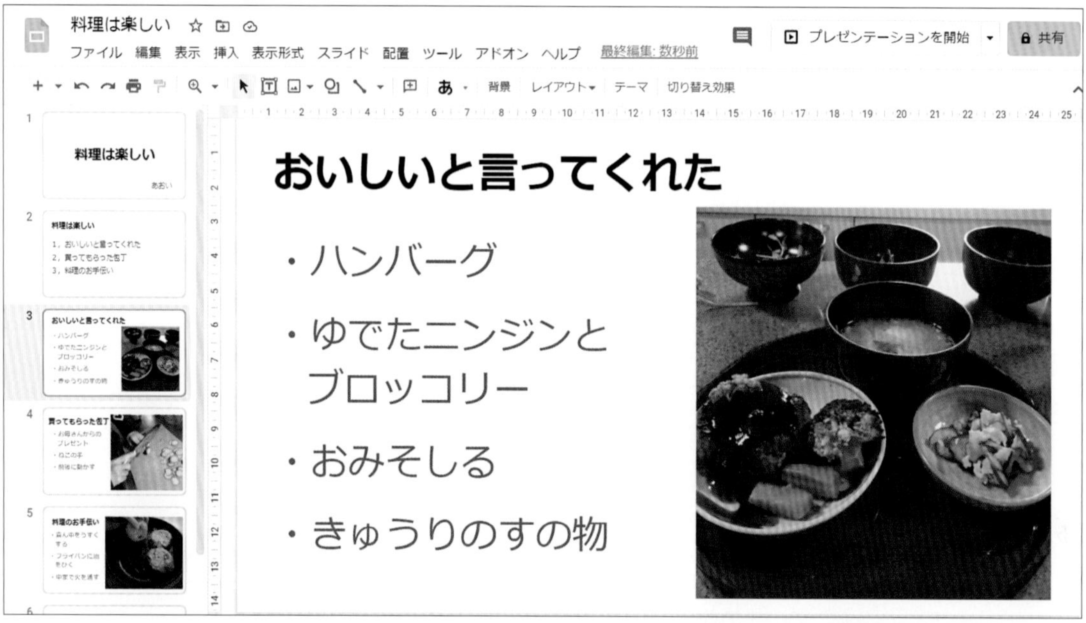
料理は楽しい
ファイル　編集　表示　挿入　表示形式　スライド　配置　ツール　アドオン　ヘルプ　最終編集: 数秒前
プレゼンテーションを開始
共有
背景　レイアウト　テーマ　切り替え効果
料理は楽しい
あおい
料理は楽しい
1，おいしいと言ってくれた
2，買ってもらった包丁
3，料理のお手伝い
買ってもらった包丁
料理のお手伝い
おいしいと言ってくれた
・ハンバーグ
・ゆでたニンジンとブロッコリー
・おみそしる
・きゅうりのすの物

　画面《がめん》の左側《ひだりがわ》には，作《つく》ったスライドが発表《はっぴょう》する順《じゅん》にならびます。順番《じゅんばん》を入《い》れかえることもできます。プレゼンの構成《こうせい》を考《かんが》えるときに便利《べんり》ですね。

伝《つた》わりやすいスライドを作《つく》ろう

「文字《もじ》や写真《しゃしん》の大《おお》きさも自由《じゆう》に変《か》えられるんだね。」

「料理《りょうり》の写真《しゃしん》は大《おお》きくして，みんなによく見《み》てほしいね。」

プレゼンでは，スライドを分《わ》かりやすく作《つく》ることが大切《たいせつ》です。1まいのスライドにのせる写真《しゃしん》や文字《もじ》はできるだけ大《おお》きくしましょう。

また，発表《はっぴょう》に合《あ》わせてスライドの順序《じゅんじょ》を考えることも重要《じゅうよう》です。

「ピラミッドチャートで考《かんが》えた順番《じゅんばん》に，スライドを作《つく》ってみようかな。」

「聞《き》いている人《ひと》に伝《つた》わりやすいスライドになるといいね。」

コラム 知っていると便利《べんり》！

スライドを作《つく》るアプリ

プレゼンテーションソフトには，スライドとスライドをつなげて資料《しりょう》が作《つく》れるアプリもあります。ピラミッドチャートで考《かんが》えたスピーチの構成《こうせい》・内容《ないよう》をそのまま発表《はっぴょう》資料《しりょう》にできます。

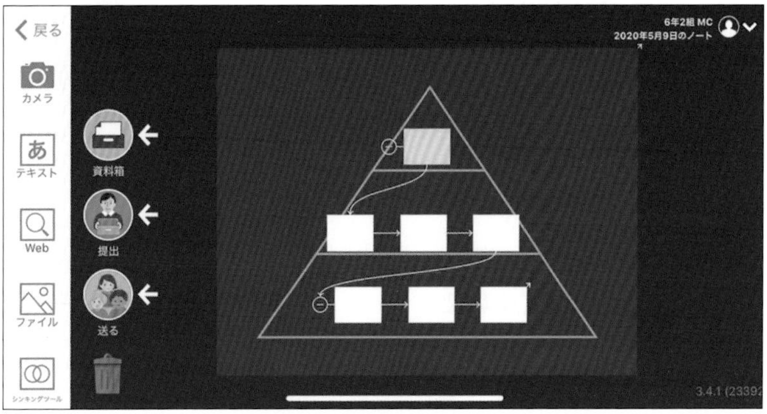

↑ロイロノート・スクール

あおいさんは，家《いえ》でしている手伝《てつだ》いについて，「料理《りょうり》は楽《たの》しい」というテーマでプレゼンのスライドを作《つく》りました。

「伝《つた》わりやすいスライドになったかな。」

①

料理は楽しい

あおい

①表紙《ひょうし》・伝《つた》えたいこと

文字《もじ》は大《おお》きく太《ふと》い字《じ》にしましょう。テーマにつながる写真《しゃしん》やイラストを入《い》れてもよいでしょう。

②

料理は楽しい

1，おいしいと言ってくれた
2，買ってもらった包丁
3，料理のお手伝い

②目次《もくじ》

どんな流《なが》れで話《はなし》を進《すす》めるのかをはじめに伝《つた》えると，聞《き》き手《て》は聞《き》きやすくなります。

③

おいしいと言ってくれた

・ハンバーグ
・ゆでたニンジンとブロッコリー
・おみそしる
・きゅうりのすの物

④

買ってもらった包丁

・お母さんからのプレゼント

・ねこの手

・前後に動かす

③～⑤伝《つた》えたいと思《おも》った理《り》由《ゆう》とエピソード

写真《しゃしん》は大《おお》きくしましょう。１まいのスライドに写真《しゃしん》は１～２まいまでにすると，分《わ》かりやすく効果的《こうかてき》です。文《ぶん》は短《みじか》めに，大切《たいせつ》だと思《おも》う言葉《ことば》を選《えら》んで入《い》れましょう。

⑤

料理のお手伝い

・真ん中をうすくする

・フライパンに油をひく

・中まで火を通す

⑥

自分で作って
おいしいと言ってもらえるから

料理は楽しい

⑥まとめ・伝《つた》えたいこと

伝《つた》えたいことを短《みじか》い文《ぶん》で伝《つた》えましょう。

やってみよう あおいさんのスライドを例《れい》に，プレゼンのスライドを作《つく》ってみましょう。

ステップ3 プレゼンをしよう

かつどう
1. プレゼンのリハーサルをする
2. プレゼンで伝《つた》える

あおいさんたちは，発表《はっぴょう》の前《まえ》にリハーサルをして，プレゼンについてアドバイスをしてもらうことにしました。

プレゼンのリハーサルをしよう

「どのようなことに気《き》をつけながらプレゼンをしたらいいのかな。」

やってみよう 友達《ともだち》の発表《はっぴょう》を聞《き》いてアドバイスしましょう。下《した》のようなチェック表《ひょう》を作《つく》ってもよいでしょう。

話《はな》し方《かた》についてのチェック			
チェックこう目《もく》	◎,○,△	チェックこう目《もく》	◎,○,△
声《こえ》の大《おお》きさ		話《はな》す速《はや》さ	
聞《き》いている人《ひと》を見《み》ているか		時間内《じかんない》に終《お》わったか	
よくようがあったか		身《み》ぶり手《て》ぶりはあったか	

スライドについてのチェック			
チェックこう目《もく》	◎,○,△	チェックこう目《もく》	◎,○,△
説明《せつめい》の順番《じゅんばん》		文字《もじ》の大《おお》きさ	
文《ぶん》の正《ただ》しさ		文字《もじ》の色《いろ》	
図《ず》の大《おお》きさ		図《ず》の見《み》やすさ	

やってみよう 練習方法《れんしゅうほうほう》を工夫《くふう》し，改善《かいぜん》しましょう。

となりの人《ひと》と

グループで

動画《どうが》に記録《きろく》して

自分《じぶん》で発表《はっぴょう》する様子《ようす》をタブレットＰＣ《ピーシー》などで動画《どうが》に記録《きろく》して後《あと》で見《み》ると，直《なお》したほうがよいところがよく分《わ》かります。

プレゼンで伝《つた》えよう

「伝《つた》えたかったことをみんなにきちんと伝《つた》えられたかな。」

プレゼンをするときは，笑顔《えがお》で落《お》ち着《つ》いて伝《つた》えましょう。発表《はっぴょう》が終《お》わった後《あと》に，プレゼンの内容《ないよう》が伝《つた》わったか，伝《つた》え方《かた》はよかったかについての感想《かんそう》を書《か》いてもらったり，アンケートをとったりすると次《つぎ》のプレゼンに生《い》かすことができます。

コラム 知っていると便利《べんり》!

こんなアンケートの方法《ほうほう》も‼

オンラインで簡単《かんたん》にアンケートを作《つく》って結果《けっか》を分《ぶん》せきできます。

結果《けっか》を見《み》て次《つぎ》のプレゼンをするときの参考《さんこう》にしましょう。

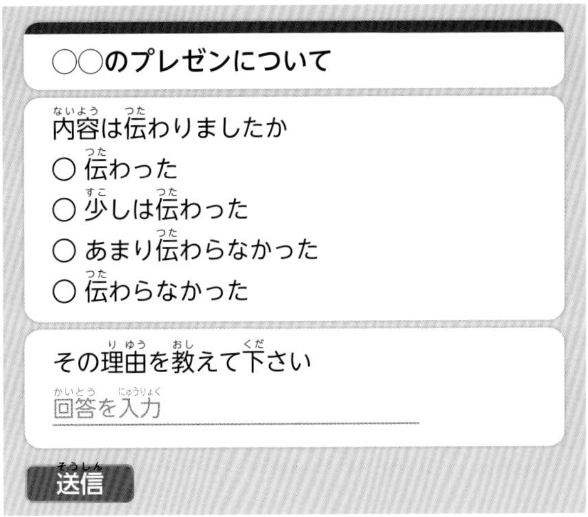
○○のプレゼンについて

内容《ないよう》は伝《つた》わりましたか

○ 伝《つた》わった

○ 少《すこ》しは伝《つた》わった

○ あまり伝《つた》わらなかった

○ 伝《つた》わらなかった

その理由《りゆう》を教《おし》えて下《くだ》さい

回答《かいとう》を入力《にゅうりょく》

送信《そうしん》

話《はな》し合《あ》おう プレゼンの内容《ないよう》や伝《つた》え方《かた》はどうだったか，感想《かんそう》を聞《き》いてみましょう。

「あおいさんの話《はな》す速《はや》さはちょうどよかったよ。スライドも見《み》やすかったな。」

「ありがとう。でも，声《こえ》が少《すこ》し小《ちい》さくなっちゃった。次《つぎ》はもっと練習《れんしゅう》したいな。」

9 いろいろな方《ほう》法《ほう》で伝《つた》えよう

ステップ1 調《しら》べたことをレポートで伝《つた》えよう

かつどう

1. レポートを書《か》く手《て》順《じゅん》をかくにんする
2. 計画《けいかく》を立《た》てて調《しら》べる
3. レポートにまとめる

レポートを書《か》く手順《てじゅん》をかくにんしよう

「『生活《せいかつ》の中《なか》で，ふしぎに思《おも》ったこと』について調《しら》べ学習《がくしゅう》をすることになったよ。調《しら》べたことをまとめて，クラスのみんなに伝《つた》えるんだって。」

「伝《つた》える方法《ほうほう》にはいろいろあるけれど，そうたさんは何《なに》にまとめるの？」

「レポートだよ。レポートは，自由研究《じゆうけんきゅう》や調査活動《ちょうさかつどう》をまとめるときによく使《つか》うんだって。」

調《しら》べたことをまとめるときの手順《てじゅん》は，次《つぎ》のようになります。

テーマを決《き》める→計画《けいかく》を立《た》てる→調《しら》べる→まとめる

計画《けいかく》を立《た》てて調《しら》べよう

調《しら》べたことはノートなどに記録《きろく》します。気付《きづ》いたことや疑《ぎ》問《もん》に思《おも》ったことも書《か》いておきましょう。

レポートにまとめよう

調《しら》べたことを整理《せいり》して，そこから分《わ》かったことや考《かんが》えたことをはっきりさせ，レポートにまとめます。

◉レポートは，次《つぎ》のような見出《みだ》しで組《く》み立《た》てると分《わ》かりやすいです。

1．研究《けんきゅう》テーマ

見出《みだ》しごとに，ページを変《か》えたり，区切《くぎ》りを作《つく》ったりすると読《よ》みやすくなります。

2．調《しら》べた理由《りゆう》や目的《もくてき》

3．調《しら》べた方法《ほうほう》

4．結果《けっか》

図《ず》や表《ひょう》を使《つか》うと，分《わ》かりやすくまとまります。写真《しゃしん》には，その写真《しゃしん》で何《なに》を伝《つた》えたいのかをまとめた短《みじか》い説明文《せつめいぶん》をつけましょう。写真《しゃしん》や図《ず》，表《ひょう》の内容《ないよう》を説明《せつめい》した短《みじか》い文章《ぶんしょう》をキャプションと言《い》います。

5．結果《けっか》から分《わ》かったことや考《かんが》えたこと

分《わ》かったことに対《たい》する自分《じぶん》の考《かんが》えやもっと調《しら》べてみたいことを書《か》くとよいでしょう。

6．書《か》くときに参考《さんこう》にしたもの

気《き》をつけよう! **調《しら》べ方《かた》のポイント**

- 調《しら》べる方法《ほうほう》（観察《かんさつ》，インタビュー，インターネットなど）を組《く》み合《あ》わせると，結果《けっか》がより正確《せいかく》になります。
- 調《しら》べたことは，見出《みだ》しを付《つ》けたり，かじょう書《が》きでメモしたりすると分《わ》かりやすいです。また，手書《てが》きのメモ以外《いがい》に，写真《しゃしん》や動画《どうが》もとっておくと，まとめるときに役《やく》に立《た》ちます。

ステップ2 いろいろな伝《つた》え方《かた》を知《し》ろう

かつどう

1. レポート以外《いがい》の伝《つた》え方《かた》を知《し》る
2. ポスターで伝《つた》える
3. ガイドブックで伝《つた》える

どんな伝《つた》え方《かた》があるかな

調《しら》べたことを伝《つた》える方法《ほうほう》には，レポートのほかに，どんなものがあるでしょうか。

「校外学習《こうがいがくしゅう》で行《い》く神社《じんじゃ》のポスターは，とても分《わ》かりやすかったね。」

「去年《きょねん》の校外学習《こうがいがくしゅう》では，神社《じんじゃ》に行《い》った後《あと》に，ガイドブックを作《つく》ったんだって。見《み》せてもらおうよ。」

◉ 1まいに情報《じょうほう》をまとめるポスター

ポスターは，大《おお》きな1まいの紙《かみ》に情報《じょうほう》をまとめたものです。かべにはって，それを見《み》た人《ひと》に情報《じょうほう》を伝《つた》えます。

「前《まえ》に，さくらまつりのポスターを見《み》たね。」

「分《わ》かりやすいポスターにするために，いろいろな工《く》夫《ふう》があるんだね。」

「かべにはったポスターを見《み》せながら，調《しら》べたことについて説明《せつめい》するポスターセッションっていう伝《つた》え方《かた》もあるんだって。」

コラム　知っていると便利《べんり》！　分《わ》かりやすく伝《つた》えるための工夫《くふう》

- 見出《みだ》しの場所《ばしょ》と大《おお》きさを目立《めだ》たせ，読《よ》みやすくなるように工夫《くふう》する。
- 読《よ》み手《て》をひきつける見出《みだ》し（キャッチコピー）をつける。
- 文字《もじ》の種類《しゅるい》（フォント），大《おお》きさ，色《いろ》などを工夫《くふう》する。
- 情報《じょうほう》をつめこみすぎないようにして，余白《よはく》をしっかりととる。

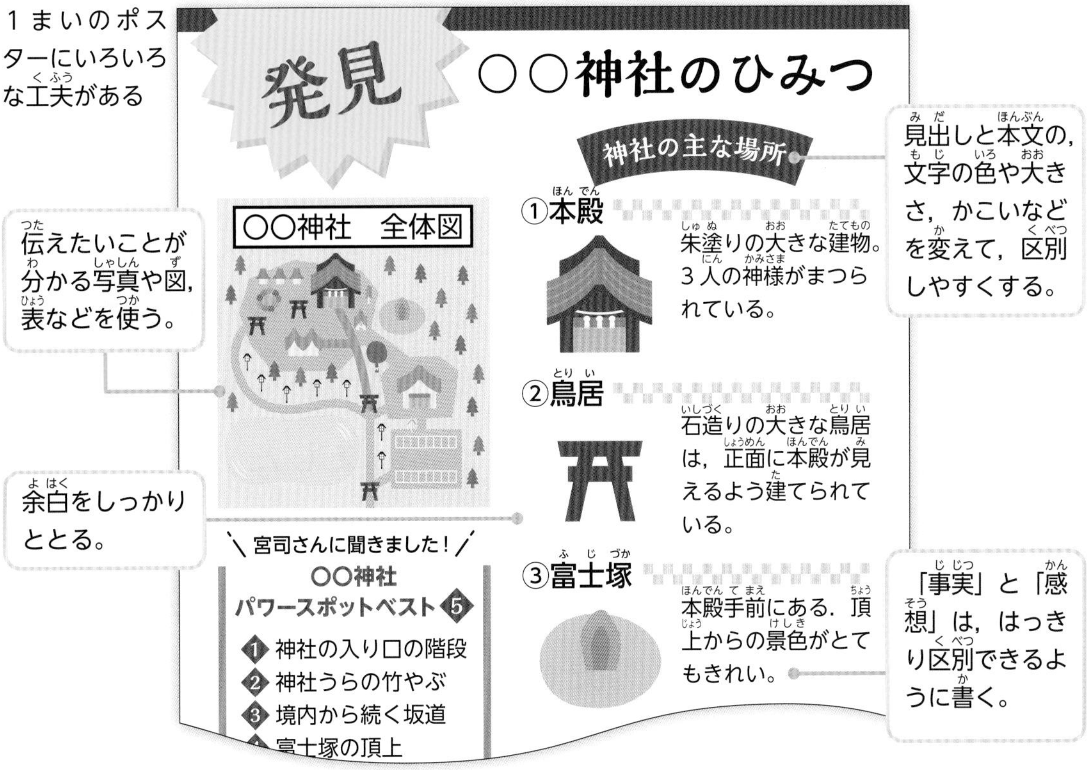
1まいのポスターにいろいろな工夫《くふう》がある
発見
○○神社のひみつ
○○神社　全体図
神社の主な場所
①本殿《ほんでん》
朱塗《しゅぬ》りの大《おお》きな建物《たてもの》。3人《にん》の神様《かみさま》がまつられている。
②鳥居《とりい》
石造《いしづく》りの大《おお》きな鳥居《とりい》は，正面《しょうめん》に本殿《ほんでん》が見《み》えるよう建《た》てられている。
③富士塚《ふじづか》
本殿手前《ほんでんてまえ》にある．頂上《ちょうじょう》からの景色《けしき》がとてもきれい。
＼宮司さんに聞きました！／
○○神社
パワースポットベスト5
1 神社の入り口の階段
2 神社うらの竹やぶ
3 境内から続く坂道
富士塚の頂上
伝《つた》えたいことが分《わ》かる写真《しゃしん》や図《ず》，表《ひょう》などを使《つか》う。
余白《よはく》をしっかりととる。
見出《みだ》しと本文《ほんぶん》の，文字《もじ》の色《いろ》や大《おお》きさ，かこいなどを変《か》えて，区別《くべつ》しやすくする。
「事実《じじつ》」と「感想《かんそう》」は，はっきり区別《くべつ》できるように書《か》く。

◉情報《じょうほう》を冊子《さっし》にまとめるガイドブック

詳しいことがよく分かる
○○神社
ガイドブック

旅行先《りょこうさき》の情報《じょうほう》や，飲食店《いんしょくてん》の情報《じょうほう》など，目的《もくてき》におうじた情報《じょうほう》を冊子《さっし》（本《ほん》のように紙《かみ》をとじたもの）にまとめたものをガイドブックと言《い》います。

やってみよう　調《しら》べたことをいろいろな方法《ほうほう》で，みんなに伝《つた》えてみよう。

「今度《こんど》の遠足《えんそく》で行《い》くところのことを調《しら》べて，ガイドブックにまとめて，みんなに伝《つた》えたいな。」

ことば　**レイアウト**　写真《しゃしん》や文章《ぶんしょう》などを効果的《こうかてき》に見《み》やすく配列《はいれつ》することをレイアウトと言《い》います。わり付《つ》けと言《い》うこともあります。新聞《しんぶん》やチラシもレイアウトを考《かんが》えて作《つく》られています。

10 ＳＮＳ《エスエヌエス》を使《つか》おう

ステップ1 ＳＮＳ《エスエヌエス》の仕組《しく》みを知《し》ろう

かつどう

1. ＳＮＳ《エスエヌエス》について知《し》る
2. ＳＮＳ《エスエヌエス》でできることを知《し》る

↑日本《にほん》でよく使《つか》われているＳＮＳ《エスエヌエス》

ＳＮＳ《エスエヌエス》について知《し》ろう

あおいさんたちは，家族《かぞく》がスマートフォンを使《つか》って連《れん》らくを取《と》り合《あ》っているのを見《み》て，ＳＮＳ《エスエヌエス》について興味《きょうみ》をもち，調《しら》べてみることにしました。

「高校生《こうこうせい》の兄《あに》は，帰《かえ》りがおそくなりそうなとき，家族《かぞく》への連《れん》らくに使《つか》っているよ。」

「うちは家族《かぞく》みんなが使《つか》っているよ。メッセージだけでなく，写真《しゃしん》や動画《どうが》も送《おく》れるの。」

「スマホやパソコンで，いろいろなアプリがあるみたいだね。」

インターネット上《じょう》で共通点《きょうつうてん》をもつ人同士《ひとどうし》が集《あつ》まり交流《こうりゅう》できる会員制《かいいんせい》のサービスのことをＳＮＳ《エスエヌエス》（Social《ソーシャル》 Networking《ネットワーキング》 Service《サービス》）といい，たくさんの種類《しゅるい》があります。

ＳＮＳ《エスエヌエス》でできることを知《し》ろう

Aさんのページ
○月×日（金）
A
コメント（10）
B
Bさんのページ
○月×日（金）
B
コメント（10）
A
サーバ
SNS《エスエヌエス》の仕組《しく》み

ＳＮＳ《エスエヌエス》では，自分《じぶん》のことをしょうかいするページをもつことができます。だれに見《み》せるのか公開《こうかい》するはんいを決《き》めたり，ほかのアプリと組《く》み合《あ》わせてさまざまな機能《きのう》を利《り》用《よう》したりすることができます。

ＳＮＳ《エスエヌエス》はさまざまな機器《きき》で利用《りよう》することができます。スマートフォンやパソコンなどがインターネットにつながっていれば，いつでも，どこでもメッセージをやりとりすることができます。

全員《ぜんいん》に公開《こうかい》
友達《ともだち》に公開《こうかい》
自分《じぶん》・限定《げんてい》した個人《こじん》のみ
SNS《エスエヌエス》の公開《こうかい》はんい

コラム　知っていると便利《べんり》！

くらしをささえるSNS《エスエヌエス》

2020年《ねん》に，新型《しんがた》コロナウイルスが世界中《せかいじゅう》で流行《りゅうこう》したとき，SNS《エスエヌエス》が積極的《せっきょくてき》に活用《かつよう》されました。

国《くに》や都道府県《とどうふけん》などは，全国的《ぜんこくてき》に利用者《りようしゃ》が多《おお》いSNS《エスエヌエス》と協力《きょうりょく》して，新型《しんがた》コロナウイルスに関《かん》する最新情報《さいしんじょうほう》を知《し》ることができるようにしました。

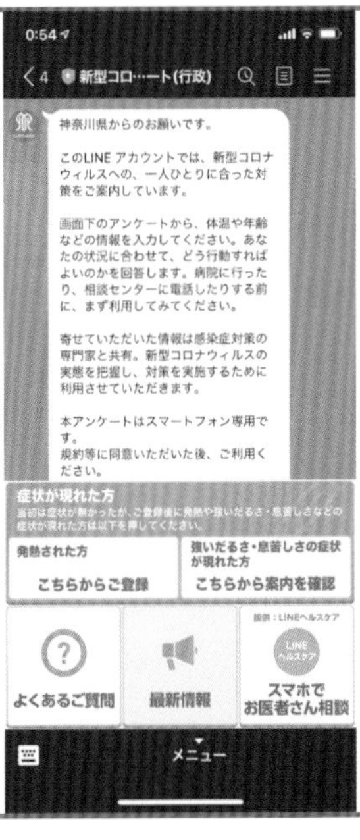
0:54
新型コロ…ート(行政)
神奈川県からのお願いです。
このLINE アカウントでは、新型コロナウィルスへの、一人ひとりに合った対策をご案内しています。
画面下のアンケートから、体温や年齢などの情報を入力してください。あなたの状況に合わせて、どう行動すればよいのかを回答します。病院に行ったり、相談センターに電話したりする前に、まず利用してみてください。
寄せていただいた情報は感染症対策の専門家と共有。新型コロナウィルスの実態を把握し、対策を実施するために利用させていただきます。
本アンケートはスマートフォン専用です。
規約等に同意いただいた後、ご利用ください。
症状が現れた方
発熱された方
こちらからご登録
強いだるさ・息苦しさの症状が現れた方
こちらから案内を確認
よくあるご質問
最新情報
スマホでお医者さん相談
メニュー
神奈川県《かながわけん》とLINE《ライン》が協力《きょうりょく》した「新型《しんがた》コロナ対策《たいさく》パーソナルサポート（行政《ぎょうせい》）」

ステップ2　SNS《エスエヌエス》で伝《つた》えよう

かつどう

1. オンラインでメッセージのやりとりをする
2. グループを作《つく》り，テーマについてメッセージのやりとりをする

おい
アカウント
Gmail
ドライブ
ドキュメ...
スプレッ...
スライド
31
カレンダー
チャット
Meet
Currents
サイト
連絡先

オンラインでメッセージのやりとりをしよう

オンラインでメッセージのやりとりをしてみましょう。

「どうすればいいの？　SNS《エスエヌエス》は登録《とうろく》しないと使《つか》えないよね。」

「そうだね。今《いま》は，チャットでメッセージのやりとりをしてみよう。」

「①チャットをしたい相手《あいて》を選《えら》んで，②メッセージを送《おく》れば，相手《あいて》に伝《つた》わるのかな。」

「絵文字《えもじ》を入《い》れたり，写真《しゃしん》をのせたりすることもできるよ。」

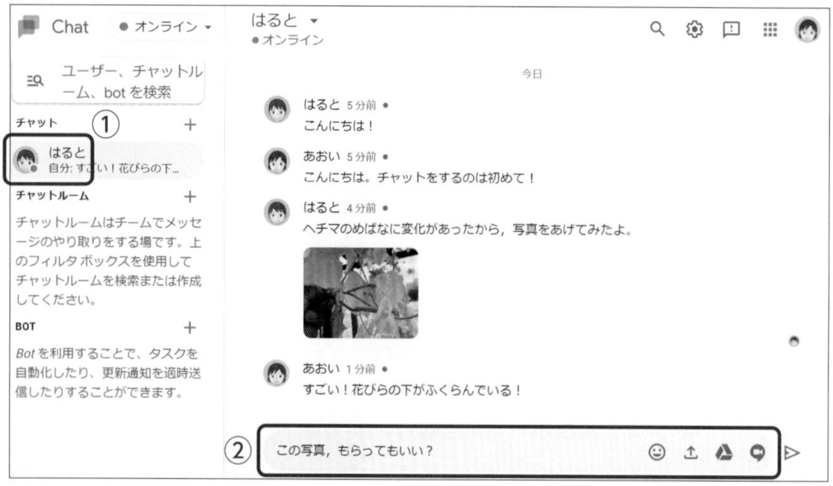

Chat
● オンライン
はると
● オンライン
ユーザー、チャットルーム、bot を検索
チャット
①
はると
自分: すごい！花びらの下...
チャットルーム
チャットルームはチームでメッセージのやり取りをする場です。上のフィルタ ボックスを使用してチャットルームを検索または作成してください。
BOT
Bot を利用することで、タスクを自動化したり、更新通知を適時送信したりすることができます。
今日
はると 5 分前
こんにちは！
あおい 5 分前
こんにちは。チャットをするのは初めて！
はると 4 分前
ヘチマのめばなに変化があったから，写真をあげてみたよ。
あおい 1 分前
すごい！花びらの下がふくらんでいる！
②
この写真，もらってもいい？

グループを作《つく》り，メッセージのやりとりをしよう

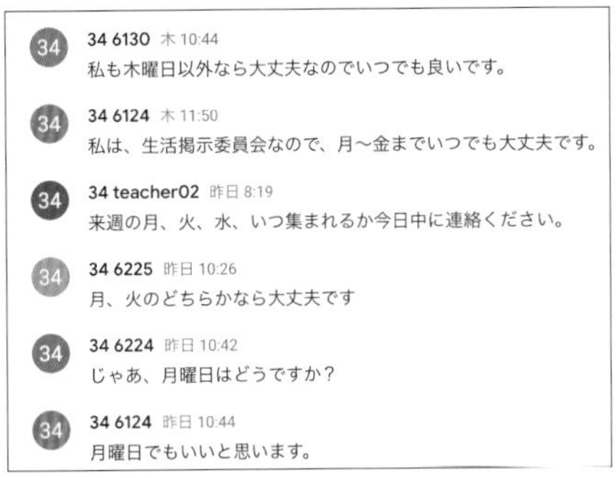
34 6130 木 10:44
私も木曜日以外なら大丈夫なのでいつでも良いです。
34 6124 木 11:50
私は、生活掲示委員会なので、月〜金までいつでも大丈夫です。
34 teacher02 昨日 8:19
来週の月、火、水、いつ集まれるか今日中に連絡ください。
34 6225 昨日 10:26
月、火のどちらかなら大丈夫です
34 6224 昨日 10:42
じゃあ、月曜日はどうですか？
34 6124 昨日 10:44
月曜日でもいいと思います。

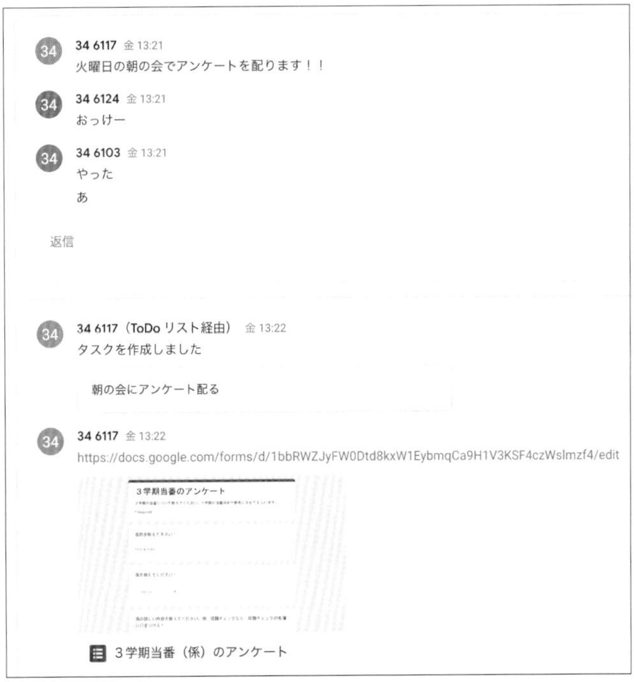
34 6117 金 13:21
火曜日の朝の会でアンケートを配ります！！
34 6124 金 13:21
おっけー
34 6103 金 13:21
やった
あ
返信
34 6117（ToDo リスト経由） 金 13:22
タスクを作成しました
朝の会にアンケート配る
34 6117 金 13:22
https://docs.google.com/forms/d/1bbRWZJyFW0Dtd8kxW1EybmqCa9H1V3KSF4czWslmzf4/edit
3学期当番のアンケート
3学期当番（係）のアンケート

メッセージのやりとりが簡単《かんたん》にできるSN《エスエヌ》S《エス》はとても便利《べんり》で，楽《たの》しい話《はなし》がたくさんできます。しかし，気《き》を付《つ》けなければいけないこともあります。

話《はな》し合《あ》おう SNS《エスエヌエス》を正《ただ》しく安全《あんぜん》に利用《りよう》するために大切《たいせつ》なことを，チャットで話《はな》し合《あ》ってみましょう。

はると 8分前 ●
スマホでもできるなら，いつでもどこでもできるね

そうた 5分前 ●
この前なんて，むちゅうになりすぎておふろ場までスマホを持って行っちゃったよ

あおい 5分前 ●
返信をし合っているとやめるタイミングがむずかしいかも

かなで 4分前 ●
使う時間など，ルールを決める必要がありそう

11 プログラミングをしよう

ステップ1 プログラミングって何《なに》

かつどう

1. 「プログラム」や「プログラミング」とは
2. プログラムで動《うご》いているものを調《しら》べる
3. 取《と》り組《く》みやすいプログラミングの例《れい》

わたしたちの身《み》の回《まわ》りにはコンピュータで動《うご》いているものが多《おお》くあります。はるとさんたちは，コンピュータで動《うご》いているものには，どのようなものがあるのか調《しら》べてみました。

「コンピュータといったら，スマートフォンやパソコンが思《おも》いうかぶけど。」

「すい飯器《はんき》で簡単《かんたん》にご飯《はん》がたけるのも，中《なか》でコンピュータが動《うご》いているからなんだって。」

「コンピュータはどうやって動《うご》いているのかな。」

↑スマートフォン

↑すい飯器《はんき》

「プログラム」や「プログラミング」とは

コンピュータに対《たい》する指示《しじ》を「プログラム」といいます。じょうけんにそってやるべきことを順番《じゅんばん》にしめしています。

プログラムを作《つく》ることをプログラミングといいます。

プログラムで動《うご》いているものを調《しら》べよう

「自動《じどう》ドアってどうして開《ひら》くんだろう。」

「それもプログラミングされているからじゃないかな。」

しらべよう　プログラミングされている身《み》の回《まわ》りのものを調《しら》べてみましょう。

↑自動《じどう》はん売機《ばいき》

↑おそうじロボット

↑エアコン

↑せんたく機《き》

「身《み》の回《まわ》りではいろいろなものがプログラムで動《うご》いているんだね。」

「自動《じどう》ドアについて調《しら》べてみたよ。センサーが人《ひと》を感《かん》知《ち》して，ドアを開《あ》けたりしめたりしているんだって。」

「わたしもプログラミングをしてみたいな。」

取《と》り組《く》みやすいプログラミングの例《れい》

「プログラミングって，どんな種類《しゅるい》があるんだろう。わたしたちにもできるのかな。」

　コンピュータはプログラムがないと動《うご》きません。また，プログラミングをするには，いろいろな方法《ほうほう》があります。

●ブロックを組《く》み合《あ》わせる

　ブロックを組《く》み合《あ》わせて動《うご》きを作《つく》ります。

　ブロックの中《なか》の数値《すうち》を変《か》えることで，動《うご》きを変《へん》こうできます。

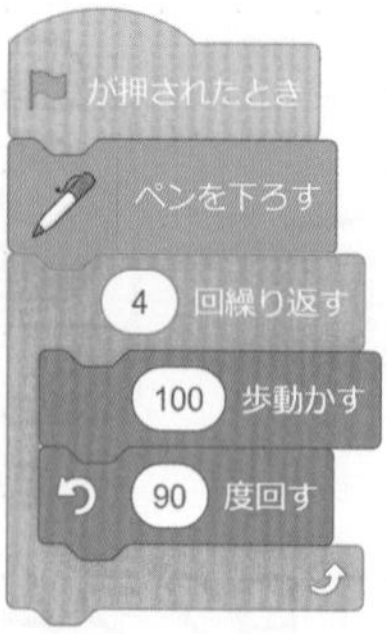
が押されたとき
ペンを下ろす
4 回繰り返す
100 歩動かす
90 度回す

ファイル
編集
チュートリアル
Scratchに参加しよう
サインイン

↑Scratch《スクラッチ》

これなら
できそう！

●物《もの》をならべる・差《さ》しこむ

物《もの》をならべたり，部品《ぶひん》を差《さ》しこんだりしながら動《うご》きを作《つく》ります。

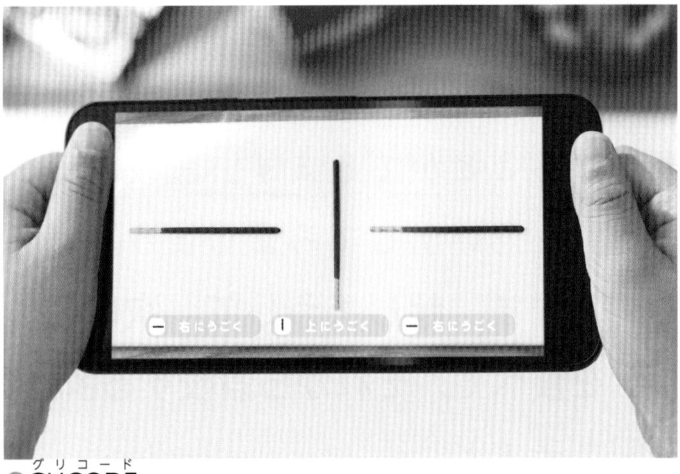
右にうごく
上にうごく
右にうごく

↑GLICODE《グリコード》

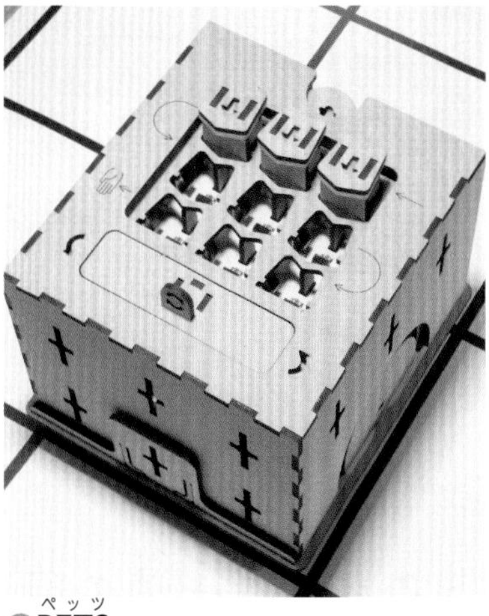

↑PETS《ペッツ》

これ，ポッキー!?

どうやって動《うご》くんだろう。

●イラストを配置《はいち》する

イラストの位置《いち》を変《か》えながら動《うご》きを作《つく》ります。

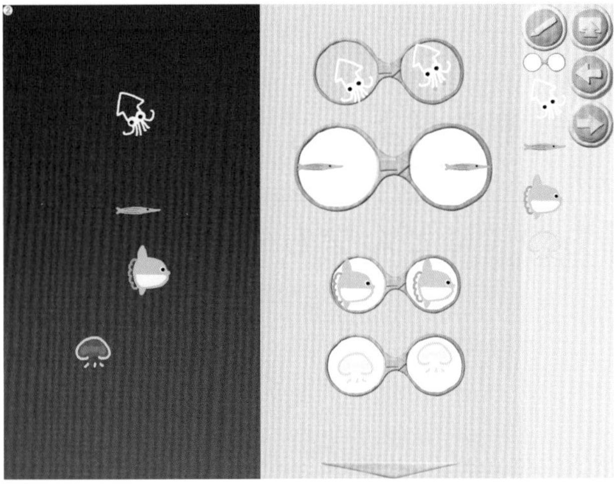

←Viscuit《ビスケット》

プログラミングにはたくさんの方法《ほうほう》があるんだね。

ステップ2 プログラミングにちょう戦《せん》しよう

かつどう

1. フローチャートを書《か》く
2. 分岐《ぶんき》のフローチャートを書《か》く
3. 反復《はんぷく》のフローチャートを書《か》く

フローチャートを書《か》こう

日常《にちじょう》の行動《こうどう》をプログラミングの考《かんが》え方《かた》で表現《ひょうげん》することができます。登校《とうこう》するまでの行動《こうどう》を思《おも》い出《だ》してみましょう。

「まず，起《き》しょうして，次《つぎ》に朝食《ちょうしょく》を食《た》べて，それから登校《とうこう》するよ。」

こうした一連《いちれん》の行動《こうどう》を図《ず》で表《あらわ》すと，右《みぎ》の図《ず》のようになります。このような図《ず》を「フローチャート」といいます。

右《みぎ》の図《ず》のように上《うえ》から下《した》へ向《む》かって，一《ひと》つずつ順番《じゅんばん》に実行《じっこう》していくことを「**順次**《じゅんじ》」といいます。

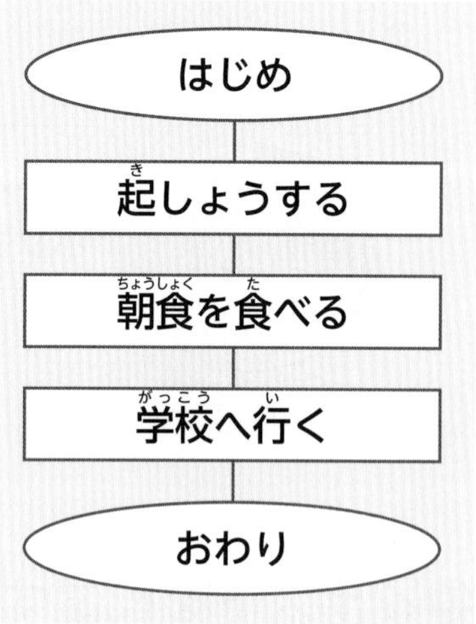

「帰宅《きたく》してからの行動《こうどう》をフローチャートで表《あらわ》せそうだね。」

「そうじのやり方《かた》もできそうだよね。」

「順次《じゅんじ》」の考《かんが》え方《かた》で表《あらわ》せるものにはどんなものがあるでしょうか。

分岐《ぶんき》のフローチャートを書《か》こう

「**分岐**《ぶんき》」…じょうけんによってすることが変《か》わります。

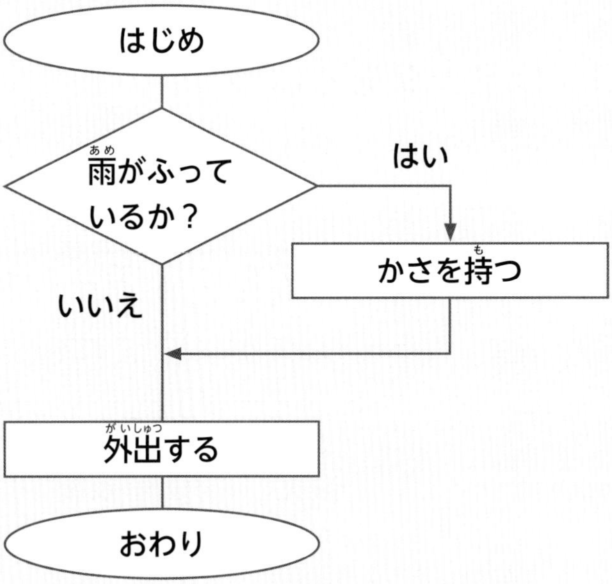

「出《で》かけるときにかさを持《も》っていくかどうかのはんだんを，分岐《ぶんき》のフローチャートで表《あらわ》してみたよ。」

反復《はんぷく》のフローチャートを書《か》こう

「**反復**《はんぷく》」…何度《なんど》もくり返《かえ》して実行《じっこう》します。

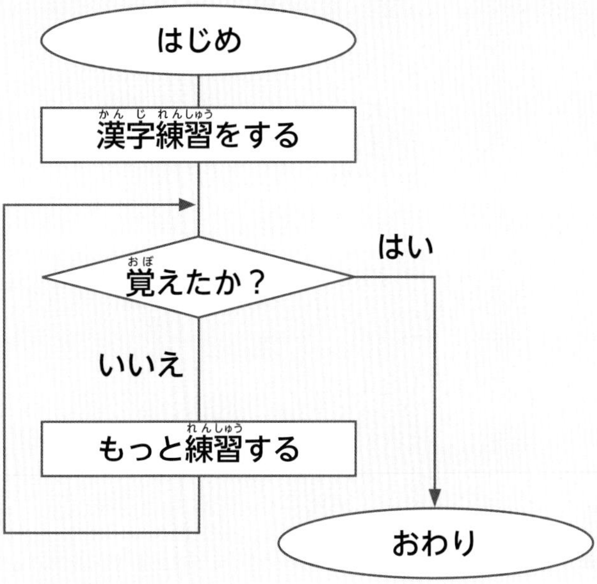

「漢字《かんじ》は覚《おぼ》えるまでくり返《かえ》し練習《れんしゅう》しないと。できるだけ少《すく》ない回数《かいすう》で覚《おぼ》えたいな。」

やってみよう 目玉焼《めだまや》きの作《つく》り方《かた》をフローチャートで表《あらわ》してみましょう。

ステップ3 プログラミングツールを使《つか》ってみよう

かつどう

1. プログラミングをする
2. 機器《きき》をつなげてみる

プログラミングをしよう

①Scratch《スクラッチ》　scratch.mit.edu

Scratch《スクラッチ》は，ブロックをつなぎ合《あ》わせることでプログラミングができます。

正方形《せいほうけい》をかくプログラム

順次《じゅんじ》　　反復《はんぷく》

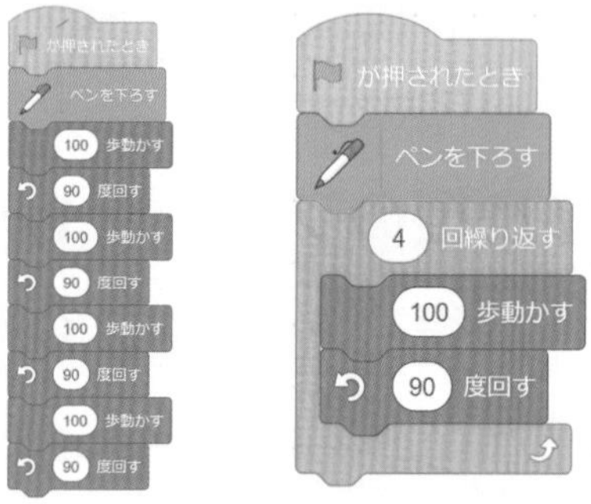

が押されたとき
ペンを下ろす
100 歩動かす
90 度回す
100 歩動かす
90 度回す
100 歩動かす
90 度回す
100 歩動かす
90 度回す
が押されたとき
ペンを下ろす
4 回繰り返す
100 歩動かす
90 度回す

②Hour of Code《アワーオブコード》　hourofcode.com

HOUR OF CODE
Hour of Code
あなたの言語のアクティビティ
MINECRAFT

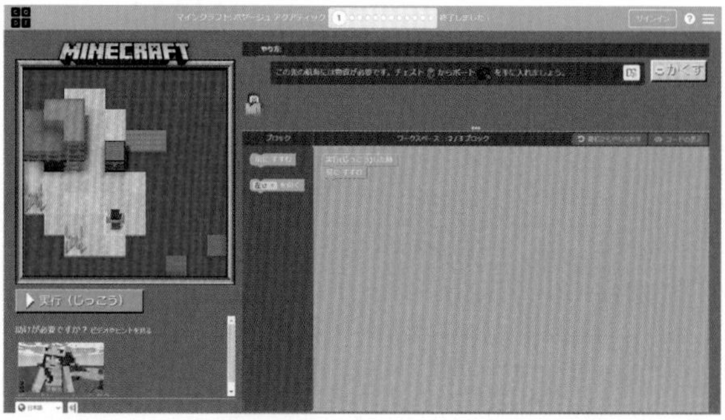

MINECRAFT
実行（じっこう）

場面《ばめん》ごとに課題《かだい》が指示《しじ》されるので，課題《かだい》がクリアできるようにプログラミングをしてみましょう。

機器《きき》をつなげてみよう

①micro:bit《マイクロビット》 archive.microbit.org

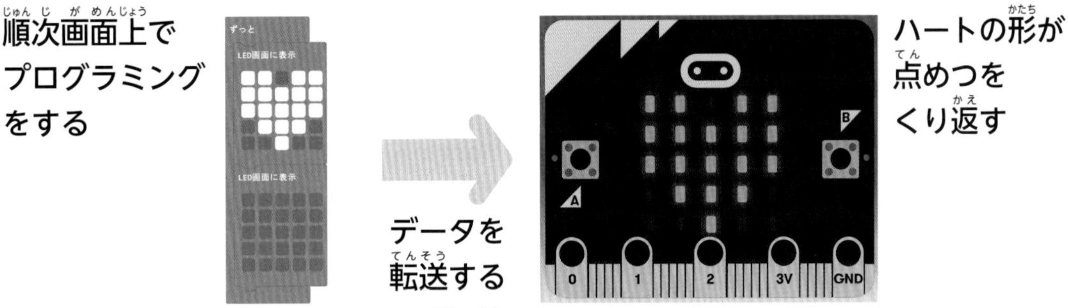

↑ハートの形《かたち》を点《てん》めつさせるプログラム

画面上《がめんじょう》で作《つく》ったプログラムを機器《きき》に転送《てんそう》することで，機器《きき》を光《ひか》らせたり，動《うご》かしたりすることができます。

②MESH《メッシュ》 meshprj.com

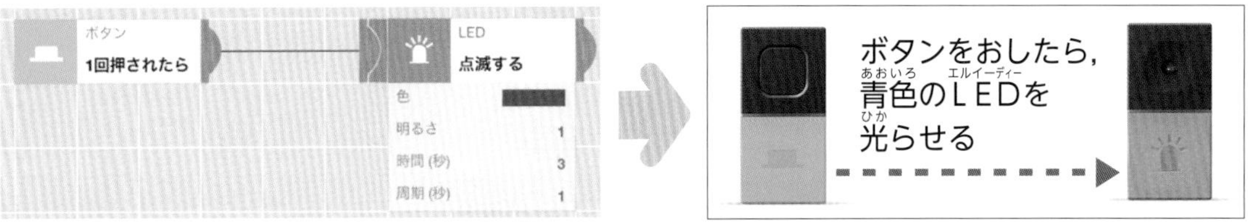

❶画面上《がめんじょう》でボタンブロックとＬＥＤ《エルイーディー》ブロックをつなぎ，じょうけんを設定《せってい》する。

❷ボタンを１回《かい》おすと，ＬＥＤ《エルイーディー》が青《あお》く点《てん》めつする。

プログラミングは失敗《しっぱい》しても何度《なんど》もくり返《かえ》すことが大切《たいせつ》です。うまくいかない原因《げんいん》を考《かんが》えて，実現《じつげん》したい動《うご》きになるまでチャレンジしてみましょう。

話《はな》し合《あ》おう 身《み》の回《まわ》りをもっと便利《べんり》にできそうなプログラミングは何《なに》か話《はな》し合《あ》いましょう。

「わすれ物《もの》をしていたらブザーで教《おし》えてくれる仕組《しく》みをランドセルにつけられないかな。」

さくいん INDEX

この本《ほん》に登場《とうじょう》した言葉《ことば》の数々《かずかず》です。
どのページにのっているか，どんな内容《ないよう》だったか調《しら》べたいときに便利《べんり》です。

さくいん INDEX

アルファベット

【表紙・本文デザイン】 増子文
【表紙ミニチュア写真】 田中達也
【本文製作】 明昌堂
【口絵】 川添むつみ
【さし絵】 ヤマネアヤ／アート工房／広野りお
【写真提供・協力】 アフロ／江崎グリコ／神奈川県健康医療局医療危機対策本部室／学研プラス／Google LLC／スイッチエデュケーション／スズキ教育ソフト／ソニービジネスソリューション／デジタルポケット／島根県雲南市観光振興課／ピクスタ／for Our Kids／LINE／LoiLo